瞰·苏州

构建城市发展新格局

本书编写组 编

文汇出版社

参编人员（按姓氏音序排列）

白顺阶　蔡时真　葛文慧　皇甫佳妤　鞠　俊　康　佳
李　湛　李树声　平怡洁　钱晓燕　沈俊源　石庆龄
唐　棣　王　平　王逾豪　吴　斐　徐菲菲　杨逸南

摄　影

宏　喜　王建中　戚振林　周志伟　王维俊　顾晨艳
瞿金根　质　文　富唯谦

序

吴晓华

（中国宏观经济研究院副院长、研究员，
"十四五"国家发展规划专家委员会成员、副秘书长）

苏州，千年繁华地，人间新天堂。古往今来之中、天地俯仰之间，尽是江南春色。

说起苏州，人们的第一印象就是她穿越时空、历久弥新的文化底蕴。苏州古城始建于公元前514年，至今已走过2500多年的悠久岁月，这也是全国唯一一座古城原址不曾变迁过的都城。历史的车轮从春秋之际辗转至今，这座久负盛名的古城仍然保持着"水陆并行、河街相邻"的双棋盘格局，"四角山水"的空间形态依旧诉说着诗画江南最初的神韵。

揽园林之美、拥山水之胜，让苏州成为这片古老土地上独树一帜的人文圣地。烟波浩渺的万顷太湖、星罗棋布的古镇古村，无不诉说着被历史封藏千年的传奇故事。以古典园林和大运河为代表的世界文化遗产，让"小桥流水、粉墙黛瓦、史迹名园"成为苏州享誉世界的靓丽名片，昆曲、古琴、碧螺春茶等联合国非物质文化遗产，仍然在现代社会绽放着经久不衰的古典魅力。

绵延千年的文脉、名家辈出的儒林，让苏州的文化底色在历史的珍藏中闪耀着别具一格的光辉。古吴名相伍子胥初建阖闾大城，揭开苏州古城登临历史舞台的序幕；孙武在穹窿山的隐居岁月，让《孙子兵法》一经问世便成为传诵古今的不朽经典。"先天下之忧而忧,后天下之乐而乐"的少年意气、"天下兴亡，匹夫有责"的志士担当，让苏州士子的文人风骨成为铭刻于华夏史册的绝响。这里走出了51名文状元、6名武状元和140多名新中国两院院士，烟雨江南的温柔与诗意之中，写满了读书种子忧民安邦、报效家国的炽烈情怀。

作为首批24个国家历史文化名城之一，从1982年至今，苏州凭借几十年如一日的韧性、耐心和定力，推动传统文化历久弥新，特别是针对19.2平方公里的姑苏古城，加强整体性保护和创造性传承，努力面向世界贡献古城保护的"苏州方案"。在拆与保、迁与留、新与旧、形与魂、快与慢等问题上，苏州人慎始敬终，特别注重留形、留神、留人，以珍爱之心、尊崇之心、敬畏之心善待历史遗存，延续城市文脉，留住江南乡愁。每一处街区河道、每一幢古建老宅、每一个居民游客，都在传统记忆的延续中得到了特别关照，在古城内涵式发展的进程中拥有了不可替代的获得感和幸福感。

历史的画卷铺展至今，在长江之畔、太湖之滨迅速崛起的这座现代化都市，仍然传承着千年吴都的富裕和丰饶。今天的苏州，正在用姑苏繁华图的"双面绣"绝活，接续谱写着崭新的辉煌，她对照"强富美高"新苏州建设的宏伟蓝图，用古典园林的精巧、温婉水乡的细腻、海纳百川的包容，在现代社会的经济版图上从容布局，书写着传统和现代结合的恢弘史诗。在守住历史文化根脉的同时，苏州全力探索高科技创新和高质量发展之路，积极打造举足轻重的产业高地，依托雄厚的高端制造业产业基础，正意气风发、激情满怀地书写着经济大市、工业大市、开放大市的光荣篇章。

到"十三五"末，苏州的地区生产总值成功迈入"2万亿元"时代；2022年，她又以2.4万亿元的经济总量继续领跑江苏。苏州下辖的十个县（市、区），素来享受"十虎争雄"的美誉，群星闪耀的县域经济让"十全十美"成了市域融合发展最为生动的注脚，昆山、张家港、常熟和太仓4座县级市长期位居全国综合实力百强县前十名，尤其是昆山连续18年独占鳌头，苏州工业园区同样连续 7 年在国家级经开区排行榜首。

在日趋激烈的城市竞争中,苏州凭借敢为人先、勇争一流的胆识魄力,全面探索高水平科技自立自强的崭新赛道,勇闯数字经济"无人区",依靠产业创新集群的接续打造积蓄源源不断的增长动能,不断做强高端制造业这一"看家本领",在服务构建新发展格局中展现苏州担当;持续强化教育、科技、人才三大基础性战略性支撑,深度融入国内国际双循环,日益成长为长三角区域枢纽中心城市,中国式现代化苏州新实践的现实模样愈加清晰。

今天的苏州,正全力打造一座"面向所有人,为了所有人,成全所有人"的人民城市,美丽中国的苏州篇章展现着独一无二的魅力。怀揣百姓期待,不负时代重托,站在新的历史起点,你会发现,遇见苏州就是遇见美好,"你永远可以相信苏州",而她,一直在等待着你的到来。

目 录

序

—何以为城—

郑时龄：打造大众宜居的城市 ··· 004
　千年古城迈进"大城时代" ·· 004
　城市更新的高度与温度 ·· 007
　走向共同参与的人民城市 ·· 010

邱晓翔：古城保护与发展的苏州故事 ·· 014
　老城和新城协调共生 ·· 014
　有机更新，塑造"新旧融合"特征 ·· 019
　从"名城保护"走向"遗产保护" ·· 024

段进军：从六个"新"的角度给出思考 ······································ 027
　新产业：未来发展的战略选择 ·· 027
　新战略：从后发优势转向先发优势 ·· 029
　新空间：打造新门户和新节点 ·· 031
　新要素：产城人融合的"增长三角" ·· 034
　新生态：增强产业链发展合力 ·· 035
　新品牌：提升产业竞争力 ·· 035

方世南：生态优先，绿色发展 ·· 038
　绿色发展是追求真、善、美的发展 ·· 038
　从生态觉醒，到生态理性，再走向生态自觉 ·································· 042
　生态优先、绿色发展的"苏州经验" ·· 046
　实现人与自然和谐共生的"美丽苏州" ······································ 050

王勇：从"多中心城市"到"中心城市" ………… 053
抓住机遇，加快城市空间结构调整 ………… 053
内联外拓，推动跨区域道路建设 ………… 058
加强协同，提升中心城市首位度 ………… 061
立足特色，实现区域产业错位协同发展 ………… 063
打破行政边界，走绿色发展道路 ………… 064

陈霖：公共艺术是感知城市的界面 ………… 066
艺术让城市更可触可感 ………… 066
如何让传统与现代融合 ………… 071
以艺术实践重构工业遗存空间 ………… 075
公共艺术要与公众连接 ………… 076

—匠韵古今—

活化利用让工业遗产焕发新光彩 ………… 084
手工业遗址的再利用 ………… 085
被沉淀的民族工业变迁史 ………… 087
焕然一新的苏式工厂 ………… 089
蝶变中的老旧厂区 ………… 091

用心守护让古建老宅"活出"精彩 ………… 094
"一宅一策"探索新路径 ………… 095
鼓励社会资本参与保护利用 ………… 101
导入新业态重焕新生 ………… 105

创新空间引领城市品质提升 109
- 让低效空间"长出"更多效益 109
- 让创新空间注入更多创意 111
- 构建"创-产-城"创新生态系统 113
- 构建功能多维型创新社区 115

产业用地更新助推经济转型发展 116
- "增量扩张"迈入"存量提升" 116
- 多维度拓展产业发展空间 117
- 产业用地布局集中、效益集显 122

楼宇经济进行时 126
- 楼宇经济发展进入3.0阶段 126
- 打造各具特色的"垂直产业园" 131
- 政策支持,楼宇经济更上层楼 139

商业地标提升城市活力 141
- 繁荣相伴而生 141
- 新商业、新地标、新名片 144
- 商业,测量着城市温度 147

文化消费赋能人民美好生活 150
- 得天独厚的文化资源 150
- 激活文化消费新动能 153
- 打造多元业态复合空间 154
- 构建城市特色文化场域 157

"微更新"理念下的社区公共空间营造 160
- 社区公共空间微更新以人为尺度 160
- 社区公共空间微更新的政策脉络 161
- 实现苏式空间微更新 162
- 空间微更新提升微幸福 165

老旧小区"改"出适意新生活 … 168
- "改"出满满幸福感 … 168
- "苏"式路径补齐民生短板 … 172
- 老旧小区改造的"苏式经验" … 176

数字孪生让城市更"聪明" … 178
- 数字孪生城市的理想状态 … 178
- 苏州大步迈进数字孪生城市 … 183
- 解码数字孪生城市新应用 … 184

—时代水墨—

江南文化内在精神融入城市发展实践 … 190
- 探索古城保护创新的"苏州路径" … 190
- 建设"古城新居"、涵养"江南文化"的新样本 … 197
- 活化利用是对历史建筑的最好保护 … 200

苏州工业园区：面向未来的"排头兵" … 212
- 一张蓝图绘到底 … 212
- 他山之石可以攻玉 … 215
- 科技创新是"关键变量" … 218

长三角一体化战略下的"汾湖作为" … 222
- 鼋荡，一体化示范区的生态底色 … 222
- 联合河长制，跨域水体联保共治 … 226
- 交通一体化，让"长三角"抱得更紧密 … 227
- 一网通办，让数据多"跑路" … 231
- 产业、人才两手抓，蓄积创新"源动力" … 236

数字政府建设的苏州实践··················238
周到服务，舒心苏州······················· 238
营商惠企，一键通达······················· 242
一屏总览全局，一网统管全域············· 245
为城市数字化转型提供法治保障··········· 248

人工湿地呵护苏州水生态················250
化工园区也能走生态发展之路············· 250
农村生态湿地成美景······················· 254
幸福河湖之洪双溇·························· 258
打造湿地生态安全缓冲区·················· 260

何以为城

苏州人克服各种难以想象的困难与艰辛,既延续了城市的历史记忆,又赋予苏州元素新的意义,这是城市辉煌的历史,也是城市迈向更令人向往未来的新起点。

千年古城迈进"大城时代"

郑时龄：打造大众宜居的城市

郑时龄（中国科学院院士，法国建筑科学院院士，同济大学建筑与城市规划学院教授，同济大学建筑与城市空间研究所所长）

> 古希腊哲学家亚里士多德说："人们聚集到城市，他们之所以聚居在城市，是为了过美好的生活。"我们塑造了城市，城市也塑造着我们的未来。"人民城市人民建，人民城市为人民。"无论是城市规划还是城市建设，无论是新城区建设还是老城区改造，都应该坚持以人民为中心，聚焦人民群众的需求。作为建筑学专家，郑时龄院士始终关注城市发展与人民美好生活的课题，且听他的解读——

千年古城迈进"大城时代"

"城市就是人类社会权力和历史文化所形成的一种最大限度的汇聚体。在城市这种地方，人类社会生活散射出来的一条条互不相同的光束，以及它所焕发出的光彩，都会在这里汇集聚焦，最终凝聚成人类社会的效能和实际意义。"美国城市规划理论家刘易斯·芒福德在《城市文化》一书中如此定义城市。

城市集中展现了人类文明的全部重要含义，城市是文化创造、技术创新、物质文明建设、政治民主化的源泉。芬兰裔美国建筑师伊利尔·沙里宁说过："让我看看你的城市，我就能说出这个城市居民在文化上追求的是什么。"英国社会学家迈克·费瑟斯通在《消费文化与后现代主义》中指出："城市总是有自己的文化，它们创造了别具一格的文化产品、人文景观、建筑及独特的生活方式。甚至我们可以带着文化主义的腔调说，城市中的那些空间构形、建筑物的布局设计，本身恰恰是具体文化符号的表现。"在相当长的一段时间内，我们把上海比作东方的纽约、东方的巴黎，把苏州比作东方的威尼斯，现在不再这样比喻了，上海就是上海，苏州就是苏州，不再是别的什么城市的翻版。

同德里：民国建筑风韵

七里山塘：粉墙黛瓦，古今相融

"苏州是我国城市中的国宝。"上世纪末，中国建筑学家、城乡规划学家、人居环境科学的创建者吴良镛院士这样评价。我们可以从清代徐扬的《姑苏繁华图》中看到气势宏伟的古代苏州风貌，透过旧时墨色，走进两百多年前的繁华苏州，仿佛可以听见古运河中阵阵橹声，山塘街上悠悠丝竹，以及街市上的往来喧嚣……而今，在古城区，依旧能寻到这样的韵味。这就是苏州的城市文化，是城市发展中最宝贵的财富。著名学者顾颉刚有言："苏州城之古为全国第一，尚是春秋物。"苏州是我国江南文化的重要发祥地之一；苏州古城，更是江南文化的根脉所在。

我认为，苏州留住了呈现江南水乡风貌的物理空间，让文脉传承有了坚实的依托。2012年成立的苏州国家历史文化名城保护示范区，成为全国唯一的国家历史文化名城保护示范区，古城保护更新增加了历史文化环境保护，将周边的自然生态资源纳入保护体系，使保护层次更加清晰，更加强调文化遗存的全貌保护与利用。一方面，通过修复危房、实施实事工程和民心工程来推动古城保护建设；另一方面，继续对有价值的文化遗产进行重点抢救，加强历史文化街区、文物古迹保护工作，启动历史老宅保护修缮的试点，整治老街巷，古城保护更新实践工作全面展开。

历史当然应该保护好，同时新的发展也要结合自己的特色。在城市发展上，苏州是唯一同时获得联合国人居环境奖和李光耀世界城市奖的城市。改革开放40多年，苏州先后编制了1986版、1996版、2011版三版城市总体规划，科学、有效地引领城市发展，从"古城新区、东城西市"到"东园西区，古城居中，一体两翼"，再到"一核四城，四角山水"，在保护古城风貌的同时，拉开城市框架，逐步开创"一城多中心"的局面。如今，苏州的体量已远远超出"四角山水"的范围，应该从"大苏州"的空间脉络出发，把古城保护与江南水乡生态保护作为一个有机整体，以"古城 + 山水 + 生态"的思路一体推进。从宋代《平江图》细描精摹的河街相邻，到国土空间规划（2035）勾勒的城市蓝图，我想苏州已经展现出了更开阔的格局与视野。

另外，长三角区域一体化发展已上升为国家战略，苏州处于长三角城市群核心区域，在这一网络中既是其中一个节点，又是一个非常重要的发展点，我想苏州可以依托上海国际化平台集聚全球高端资源四个层面的方针，握指成拳，内聚外联，形成"空间缝合、资源整合、发展聚合"的强大合力。

城市更新的高度与温度

城市永远处于变化和更新发展的过程中，所变化的既有城市的建筑、街道和空间结构，也有城市的产业、基础设施、交通方式和生活方式。然而，无论城市如何变化，城市的核心价值、城市发展所追求的进步目标应当是一以贯之的。

目前中国城市化发展迅速，各地都在提城市化，但发展模式单一，城市扩张不仅"蚕食"大量土地和其他资源，同时也带来千城一面、城市发展不均衡等严重问题。在这样的情况下，很多城市片面追求城市硬件发展、城市

天际线的壮观程度，盲目扩大空间面积，城市化面积远远超越城市化水平，这种盲目建设并没有考虑到城市的宜居性和舒适性，新城区缺乏与原有城市的联系，缺乏城市人性化空间和合理的路网结构以及生活网配套。

我认为，城市应该是让所有居住在这里的大众都能够过上有尊严、幸福、安全、充满希望的美好生活的地方，让所有人都能享受到城市的品质，消除城市区域间、城乡接合部之间的发展差异，这才是城市更新、发展的方向。这方面我觉得苏州做得非常好。其实每一座城市自出现之日起就处于不断更新的过程之中，我们纵观苏州的历史就会发现，苏州的城市更新有着深厚的积淀。苏州曾经有过破旧萧条、满目疮痍的历史，也一直在进行主动或被动的城市更新。作为一千多万人口的大城市，它历史悠久，文化底蕴深厚，长期以来，城市经历了根本性的发展与更新，城市的性质、范围、人口和空间结构发生了一系列重大变化。我认为城市更新是苏州改革开放40多年来的重要机遇与发展历程。

一座城市的更新是城市外部和内部的政治、经济、文化、技术等各种影响力作用的结果，受到人们的认识和社会经济条件的制约。城市更新是在城市上建设城市，在长期的更新过程中必然会有多种探索和反思。在城市现代化的进程中，城市更新是动态的更新，既有物质性的更新，也有非物质性的更新；既有居民宜居生活方式的更新，也有精神生活的更新；既有城市空间结构的更新，也有城市产业结构的更新；既完善城市功能，也提高城市品质；既保护历史建筑和园林遗产，也保护非物质文化遗产。

苏州的城市更新不仅有"润物细无声"的微更新，也有整体地区和地块的大规模更新；有旧建筑的改造，也有新建筑和文化设施的建造；有新区和工业园区的建设，也有城市对内对外交通体系的更新、市政系统的更新。我觉得正在全面推动的城市战略性发展，是城市规划、城市设计、旧区改造、历史街区和历史建筑保护的有机整合。

我往往会引用古希腊哲学家赫拉克利特的话来概括："看不见的和谐，比看得见的和谐更重要。"在城市更新过程中，我们既应该创建看得见的和谐，也应该珍惜看不见的和谐，让人们感受到城市的温度。城市更新是实现城市战略发展目标的重要手段，在城市更新中，需要认识到我们的未来要对过去负责，需要有理想，怀有对未来的憧憬和激情，这也是理想、艺术和价值的体现。

享受美好生活

走向共同参与的人民城市

  如何通过多种方式，包括规划统筹、实施路径等把各项资源与居民的需求匹配起来？现在很多社区都有社区规划师，社区规划师应该会起很大的作用，他会深入社区生活，考虑如何让社区环境变得更好，然后配合规划部门，协调方方面面。我了解到苏州在 2023 年初建立了国家历史文化名城保护区社区规划师制度，这是苏州古城历史文化保护传承的一个创新探索。首批受聘的社区规划师是来自古城保护、城市规划等领域的专家、学者，他们作为古

城保护更新的"引路者"、规划设计的"参与者"、项目实施的"监督者"、社情民意的"倾听者"、相关政策的"宣传者",为古城保护更新提供高质量、精细化的技术咨询和指导,实现各类规划的有效衔接。我相信以社区规划师制度的实施为起点,可以引导更多古城居民、社会组织参与进来,让城市居民从旁观者变成古城保护的参与者、推动者。

一个大城市其实是由许多小城市组成的,是由不同的社区组成的多元的组合,每个组团都有自己的特点。因此生活配套设施要比较齐全,要考虑到生活圈的需要。比如居住区的配套需求跟金融区、学校区的就不一样,各有自己的特色。我觉得苏州的"一刻钟便民生活圈"是非常好的尝试。它立足于居民的幸福感、获得感,不再是简单的吃与住,而是满足人民日益增长的美好生活需要。在社区生活圈中最重要的就是街道,街道需要发挥主导作用,它们是实施的主体,跟区级、市级的各个部门有相关的联系。这是一个重要的整体关系,上下贯通,既有时间因素也有空间因素。我们还应该创造一个政府和社会之间上下贯通的机制,这个机制可能需要时间来慢慢建立,需要一些部门不仅只是发指示,而且能参与推进。大家要打破传统的思维方式,更多地发挥创造性,建立一种创新机制,这样才能更好地实现"生活圈"的价值。

另外,在历史发展过程当中总是会形成一些消极的空间,我们要想办法将这些消极的空间利用起来,创造出能够满足大家业余生活需要的场所,提高市民的生活品质。我觉得可以让大家在慢慢变化的过程当中去体会生活空间的一些变化,它其实在变得越来越好,越来越贴近我们老百姓的生活,当然它不是一种超理想的状态,但希望尽可能地贴近大家的生活。苏州城市化程度还是蛮高的,有些地方需要我们进行生态修补,当然城市空间的修补,是需要慢慢来实现的。这是一个过程,需要我们慢慢认识这个城市哪些地方还有不足,为了今后的发展还应该做哪些修补。

平江路：苏式宜居生活

我们希望让群众、市民都能够参与到城市发展中来，特别是"人民城市"的概念，其实就是让大家都参与到我们营造社区生活圈的过程当中来，这样也可以发挥大家的作用。大家可以想想："我希望生活在怎样的一个环境当中？"然后我们怎么去满足这样一个要求，并且实现过程中始终要保持以人民为中心这样一个理念。苏州正在向国际化大都市迈进，国际化大都市不单单关注硬件、环境、经济，还需要我们的人也能够适应。我觉得这一点也是在社区生活圈里非常重要的一个目标。

有一位社会学家说过："城市和城市环境代表了人类最协调的且在总体上是他最成功的努力，即根据他心中的期望重塑他所生活在其中的世界。但如果城市是人们所创造的世界，那么这就是他今后注定要生活其中的世界。因此，人类在间接地、没有清楚地意识到工作性质的情况下，就已在构造世界的过程中重塑了自己。"我想苏州是苏州人民建设的人民城市，苏州人民塑造了苏州的过去和未来，也塑造了苏州人。他们克服各种难以想象的困难与艰辛，既延续了城市的历史记忆，又赋予苏州元素新的意义，这是城市辉煌的历史，也是城市迈向更令人向往未来的新起点。

邱晓翔：古城保护与发展的苏州故事

邱晓翔（中国城市规划学会历史文化名城规划学术委员会委员，北京清华同衡规划院长三角分院原总规划师）

> 古城保护与城市更新一直以来是一个热门却困难重重的话题。如何在赓续历史、传承文脉的同时激发出千年古城的当代活力？很多城市都做出了切实的探索。如今，古城保护与城市更新，也来到了承前启后的关键节点。如何让古城延年益寿？苏州作为有着 2500 多年历史的历史文化名城，在这方面又是如何做的？且听邱晓翔解读——

老城和新城协调共生

作为首批 24 个国家历史文化名城之一，四十年来，苏州切实探索，在古城保护与更新上交出了一份"苏州答卷"。苏州整体保护老城，有序开发新城，形成了"老城和新城协调共生"的经验。先后编制完善了历史文化名城保护规划，落实了保护措施；整治了城市环境，改善了设施条件；加强历史文化、水乡风貌等的保护，展示了古城深厚的文化底蕴，保持了苏州的历史记忆，提升了城市的品位。

1980 年前的苏州还是一个小城市，古城内除了几座古代的高塔，市中心察院场的五层邮电大楼就是最高的建筑了。老城里的房子大多是年久失修的平房，我还有同学就住在假山颓废、建筑破败的旧园林里。记得那时候古城内的河道已不再像小时候那样干净，有的甚至无法洗衣洗菜。如今令人引以为傲的园林当时仅仅开放了十余个。那时的苏州，面临着保护与发展的矛盾，经济发展动力不足。1981 年，著名文化学者谢孝思在苏州市人大常委会上提出了《紧急制止对苏州文物古迹和园林名胜的破坏》的议案，引起江苏省及

古城的历史记忆

中央有关同志的高度重视。中央派周干峙来苏实地调研情况。有了周干峙的研究报告,中央又派时任中共中央党校顾问、全国政协常委吴亮平和时任江苏省人大常委会副主任、南京大学名誉校长匡亚明,借来苏州开"振兴昆剧艺术会议"之际开展实际调查,以论证周干峙的调查结论。得益于文化名人的奔走呼号、中央领导的关心和支持,苏州古城保护出现转机,1982年5月,国务院批复了中共江苏省委《关于保护苏州古城风貌和今后建设方针的报告》,批示指出:苏州的问题不仅仅是苏州自己的问题,也至少需要包括江苏省在内的各方介入和帮助。于是,国家建设部的前身国家城建总局派专家前往苏

老城和新城协调共生

州，专家认为古城缺乏系统而又可操作的规划引导，帮助制定了城市总体规划。1986年6月13日，国务院批复同意《苏州市城市总体规划》，确立了"保护古城，发展新区"的方针，为此后整个苏州的城市发展步入正轨、走上康庄大道奠定了理论基础和基调。

20世纪90年代初，苏州城市总体规划完成首次编制不久，大规模城市建设刚刚起步，古城保护更新的思路正在逐步探索，很多项目没有现成的经验可以借鉴，这也成为摆在苏州城市建设工作者面前的一道难题。苏州坚定执行国家制定的城市总体规划方针，各相关部门通力合作，城市规划和名城保护专家学者也为苏州出谋划策，在重要建设项目决策前多方案比选，反复听取专家的意见，逐渐走出了一条具有苏州特色的古城保护与城市更新的道路。比如古城37号街坊改造等工程建设中，按照"重点保护、普遍改善、合理保留、局部改造"的工作思路，保护文化遗产、改造基础设施、调整古城用地结构、松动古城容量取得了明显的成效。

我想，与其他历史文化名城相比，苏州逐渐在保护和发展中找到了一条适合自己的道路，且成果显著。在保护和更新中，苏州城市经济也得到了令人欣慰的长足发展，在首批24个历史文化名城里脱颖而出，走在了第一方阵。如今，苏州已成为外向型经济发展的领头羊，其中苏州工业园区尤为突出，开发建设近30年来各项指标在全国基本都名列前茅。

"保护古城，发展新区"的方针中，我认为"新区"并不单指现在的苏州高新区，而是指"城市新时区"的概念。20世纪90年代初，运河两岸见证了城市的高速发展；21世纪初，大运河孕育的平江、沧浪、金阊（后合并为姑苏区）成为城市更新和伸展的一部分。在2010年以后，城北相城区板块也进入崛起阶段。2022年，"双中心"的蓝图浮出水面，"加快高铁新城建设，打造长三角区域枢纽中心；加快相城高质量发展，把相城建设成为继苏州工业园区之后又一个现代化高科技中心城区"，相城区正塑造"一轴、一芯、一核、四角山水、六边协同"发展新格局，着力聚焦四大重点战略空间。其中，高铁新城集中布局"市域新中心"功能，打造枢纽经济集聚区；中央公园放大生态点亮色，打造功能多元、开放共享的美丽新花园；元和塘沿线组织城市综合服务功能，塑造城市活力画卷；环阳澄湖片区重构蓝绿空间，重组资源价值，重育文化特色。

像相城区这样的苏州"发展新区"正在不断探索自身发展的模式，与古

高铁新城三角区域枢纽中心

城有机结合，接收古城产业功能的转移。每个区、每个市（县）都在尝试探索、找到自己独特的定位，我想这才有了苏州经济在全国城市中的名列前茅。

有机更新，塑造"新旧融合"特征

"时空的延续与累积"塑造出古城独有的"新旧融合"特征，如今的古城呈现"水陆并行、河街相邻"的双棋盘格局，"小桥流水、粉墙黛瓦、古迹名园"的独特风貌尚存，各个时代的建筑肌理有机交织，原住民与新移民和谐共存，正是这些城市活力孕育出持续的生命力。

古城富有生命力，并非一成不变。我觉得新陈代谢是再自然不过的了，在城市更新过程中，我们应该去芜存菁，发掘真正的价值。古城是城市的局部缩影，应该要确定其发展定位、对于城市发展的作用与承担的功能，由此来进行改造工作，同时需要对当地文化进行充分挖掘，让老街巷回归现实生

活,实现百姓情感及文化认同,才能焕发持久生命力。通过创新性保护,让被时光利剑暗淡了的往昔重放光华,让城市和居民,都从保护和更新中获益,这才是发展的真谛。

我认为古城保护更新是一个动态的过程,需要有持续不断的保护实践。城市更新的规模一次不宜过大,城市经历了几百上千年风霜雨雪的变迁,历史积淀丰富,遗留的各种矛盾也非一朝一夕所能解决。比如一面古铜镜有着丰富的历史信息,是价值连城的文物,但如果把它当成一块普通的铜疙瘩,那它只能是"废旧物资"。古城内历史地区的土地固然具有巨大价值,但是如果仅仅为了土地开发不加区分地拆除"破旧危房",极有可能把历史地区所承载的丰

街巷里的幸福

富历史文化内涵破坏掉。让人欣慰的是,苏州一直坚持以古城传统文化特质为纽带,保留特色民居居住环境,坚持传统街巷特色与城市肌理发展相结合,在重构古城美丽生活的同时,进行现代化都市建设;践行"古城新居"理念,保留古城区等区域的传统民居、老旧小区"古"韵,呈现改造后的"今"风,以吸引各类人才、青年群体居住,实现职住平衡,提升古城活力。

　　苏州还有着众多镌刻着古城丰厚记忆的历史文化街区和传统风貌地区。这些历史文化街区保存文物丰富、历史建筑集中成片,较完整和真实地体现了传统格局和历史风貌,是延续文脉和古城更新的最好载体。我认为应该注重历史建筑、文化、商业和居住的融合,形成"共生",才能让历史文化街

江南水乡传统人居环境

区保持源源不断的活力。通过保留市井生活的文化场景、引入多元化的业态、保护历史街区传统空间格局三者结合的模式，来解决过往历史街区改造中原住民生活、传统文化与商业失衡，活化效果不佳等问题。通过对城市的有机改造，顺应城市肌理，在历史文化、城市生活与商业共生的原则下，激活城市发展的文化内核与发展张力。在我看来，平江路历史街区的保护、修缮和利用，体现了原住民与人文气息浓厚的商业的"共生"，探索了一条古城历史街区可持续更新的思路。

我认为保护与更新没有"最优解"，而是应该探讨保护与更新工作目标的多维平衡，追求"非劣解"。在保护与更新的过程中，应该将"尊重"放在首位，这其中包括对人、对历史、对文化、对所在环境的尊重。苏州有独特的人文历史价值，需要被保护，需要被尊重，尊重是城市更新的前提。虽然城市功能一直随着发展的变化迭代，但是苏州古城还依然保持着她独有的风貌，这体现了城市的有机更新。

从"名城保护"走向"遗产保护"

苏州古城保护与城市更新经过四十年的实践，逐渐走出了一条自己的道路，展现出独特的城市魅力。面向下一个四十年乃至更长时期的苏州历史文化名城保护，我觉得大家应该一起努力，持续发力，注重文化保护，需久久为功，切忌急功近利。我认为对苏州来说，有必要把历史文化名城保护的视野放得更宽，纵向看得更远，应该在遗产整体保护观的指导下，从文化传承与特色塑造的角度，来开展保护与传承工作。

苏州有"苏州古典园林"和"中国大运河（苏州段）"两项世界文化遗产；周庄、甪直、同里等九个古镇和长三角地区另外六个古镇一起作为"江南水乡古镇"列入世界文化遗产预备名录；昆曲等七个项目列入世界非物质文化遗产名录；"近现代中国苏州丝绸档案"列入世界记忆遗产名录。这么多类型和数量的世界级遗产项目集中在一个城市，是上海都市圈内其他城市无法相比的，也是苏州在长三角地区城市中最具独特魅力的地方，必将为苏州未来的发展提供持久的动力。

随着苏州的遗产保护力度在不断加强，遗产地管理的模式也在不断创新，传统文化的传承和创新也为历史文化名城不断增添新的内涵。目前我国已经公布了一批20世纪建筑遗产，我觉得像贝聿铭设计的苏州博物馆新馆等一批在苏州传统文化土壤里创新的建筑作品，也能成为未来的建筑遗产。

新时期，我认为应该继续保持苏州在文化遗产内涵上的独特性和吸引力，应该将遗产保护的"景深"放远，看到更远古的苏州吴地先民与水共生的人居环境遗存。在苏州古城外，环太湖地区还有旧石器时代的三山岛考古遗址，新石器时代马家浜文化和崧泽文化（如唯亭草鞋山遗址有我国目前发现最早由人工开垦的水田遗址）、良渚文化（如梅堰龙南村遗址被学者认为是最早的枕河人家），春秋时期"木渎古城遗址"等诸多考古遗址。我们还应该将遗产保护的"视角"放宽，将苏州市域范围内数量众多、形态丰富、保存相对完整的传统城镇和乡村进行综合保护。苏州古城和常熟古城都是国家历史文化名城，它们分别是古代府城、县城人居聚落的代表，而其他分布在全市的数十处国家级、省级历史文化名镇名村、传统村落、历史街区（地段），更是完整地展现了先民建设江南水乡人居环境的经验和智慧。2006年两院院士周干峙曾经在苏州古城古镇申遗高层专家咨询会上提出"古人居环境"的概念，我们可以用这个概念统筹古城、古镇、古村落和古遗址的保护策略。这样苏州的遗产保护不仅是2500多年的古城，还可以向前延展到距今六七千年的史前时代。作为江南水乡传统人居环境代表的苏州，其"与水共生"的文化遗产内涵和外延将更加丰富。

此外，苏州周边的太湖地区自然景观和人文景观同样有着丰富多彩的一面，在市域范围内有着许多国家级和省级自然遗产保护地，历史遗迹、考古遗址众多，自然资源丰富，或许也能进行整合构建，在未来为世界遗产增加新的苏州元素甚至是苏州贡献。

如今，苏州古城的保护与更新之路依然任重道远。在城市进入存量更新、追求高质量发展的时代背景下，我认为应该将保护与城市发展有机结合，彰显历史城市的价值特色，传承历史城市自身及其与周边山水环境有机共生的文化、逻辑与规则。历史文化名城保护是百年大计、千年大计，需要举全市之力推动历史文化名城保护和发展。

常嘉芦墟枢纽

段进军：从六个"新"的角度给出思考

段进军（苏州大学商学院教授、博士生导师，东吴智库执行院长，苏州市现代服务业研究中心常务副主任）

> 党的十八届五中全会提出了五大发展理念，即创新、协调、绿色、开放、共享的新发展理念；十九大又提出了经济发展由高速增长转向高质量发展阶段；十九届五中全会也提出以高质量发展为主题，加快构建以国内大循环为主体，国内国际双循环相互促进的新发展格局。在党的二十大报告中，我们把高质量发展明确作为建设社会主义现代化国家的首要任务，提出实现高质量发展是中国式现代化的本质要求，进一步凸显了高质量发展的全局意义。在高质量发展的区域经济布局下，创新成为发展的第一动力，协调成为发展最重要的内生特征，绿色成为发展的普遍形态，开放成为必由之路，共享成为一个重要的目标。那么苏州经济高质量发展的抓手是什么？苏州大学商学院教授、东吴智库执行院长段进军从六个"新"的角度给出了一些思考——

新产业：未来发展的战略选择

改革开放以来，苏州社会经济发展取得了辉煌的成就，由原来的中等城市规模发展到今天的特大型城市规模，我觉得这些都离不开制造业的快速发展和规模的扩张，离不开苏州各大板块所形成的特色化的产业集群的支撑。离开了制造业集群，苏州不可能在中国乃至世界拥有这样重要的地位。苏州制造业取得巨大成就，客观上也为苏州未来发展奠定了重要的物质基础。就未来来讲，苏州发展应该紧紧抓住制造业，抓住制造业就等于牵住了牛鼻子。但我认为时代的变化使得今天的制造业内涵已经完全不同于昨天。如果把今天的制造业称为"新制造"，那么20世纪80年代和90年代的制造业就称为"旧制造"，"新制造"的内涵完全不同于旧制造。今天为了满足人们对美好生活的向往，传统的旧制造必须让位于新制造，必须从需求端和供给端重塑制造业的空间组织和内涵。如果说昨天的制造业遵循的是福特制的大规模、标准化、同质化的逻辑，那么今天制造业的发展更多遵循着后福特制的个性化、

推动新的产业生态形成

差异化和小众化的思维。苏州的制造业不仅追求一种规模效应，也正在追求一种质量和内涵，制造业不仅要"长个子"，也要"长脑子"。

新制造不仅体现一种"硬实力"，更重要的是体现一种"软实力"。新制造是制造业和服务业的完美结合。新制造的竞争力不在于制造本身，而在于制造背后的创造思想、体验、感受以及服务能力。制造业的服务化（制造业的软化）是制造业转型的重要方向。进入新发展阶段，制造业内涵将发生重大的变化。制造、研发和市场三个环节将出现频繁互动，信息技术提供了互动的基础。如果将研发、制造、市场分别用三个圆表示，那么在它们之间有个交集，交集部分用灰色表示，形象地称之为"灰度创新"。研发与制造之间的灰度创新，是一种产业化创新的能力。在灰度创新中，"制造与市场"的结合部分，是"商业模式"的创新。新制造就是在研发、制造与市场的互动中发展，三者可以在同一空间中存在，这完全不同于旧制造。关注制造与研发、市场互动所

形成的灰度创新，这是苏州制造业转型和新制造发展必须考虑的重大战略问题。我觉得灰度创新是苏州新制造发展的最大潜力点。苏州制造业服务化和服务型制造业发展成为苏州制造业发展的重要趋势，不要割裂制造业和服务业之间的关系。苏州未来的创新更多地体现在制造型的研发和制造型的创新，这不同于北京、上海等地的基础性创新，我想这是苏州未来最大的亮点和优势，也是拉动苏州制造业转型的战略引擎。信息技术支撑下的数字经济发展有力地推动研发、制造和市场的互动，推动新的产业生态的形成。

新战略：从后发优势转向先发优势

改革开放四十多年来，中国通过发挥"后发优势"战略，即向发达国家引进先进技术进行消化吸收，获得了知识积累和技术外溢，在较短的时间内实现了弯道超车，实现了国家技术变迁和经济迅速腾飞，缩小了和西方发达国家之间的差距。随着时间推移，中国发展之路走到了十字路口，后发优势效应呈边际递减态势，我认为这就必须把发展基点放在创新驱动上，通过先发优势实现引领性发展。

对苏州来说，随着经济增长步入新阶段，原先支撑苏州经济高速发展的要素禀赋条件发生了深刻变化，换言之，支持苏州继续发挥后发优势的传统红利空间正在缩减，也就是说过去所依赖的劳动力、资源环境、投资出口等方面的优势正在减弱，因此，我觉得苏州必须向先发优势战略转型，应该将创新纳入整体的发展战略之中，走以科技创新为核心的创新驱动发展战略。在目前长三角一体化发展的背景下，苏州积极参与和推动沪苏同城化，从根本上就是利用上海和全球的创新资源，推动跨区域的创新生态系统的形成，应该将产业链、创新链、人才链、资金链等有机地融合起来，以此来支撑苏州产业创新集群的发展。

2022年以来，苏州坚持把推动数字经济时代产业创新集群建设和融合发展作为一项全局性战略，我想这有非常重要的意义。对苏州发展而言，它预示着苏州由土地等传统的生产要素所支撑的产业集聚的发展，走向了以创新为第一动力的产业创新集群的发展。制造业是我们最大的优势、最大的长板，怎么样把这个长板拉得最长，增强苏州的竞争力，迈向高质量的发展？我想产业创新集群这样一个有效的空间组织形式，事实上就是苏州迈向高质量发展的必由之路。

产业集聚所遵循的逻辑是工业时代第二条曲线规模化扩张和廉价要素的成本优势，而产业创新集群发展遵循的是第三条曲线的逻辑，即数字时代产业发展所遵循的创新生态的逻辑和规律。我们可以把产业创新集群比喻为一个热带雨林，是包含草、乔木、灌木等多元化的生态系统。这种生态系统的复杂性很难从个体理性去认识，这个复杂系统的发展遵循着一种内生的演化逻辑，形成一种"自发的秩序"，它遵循的是一种生态系统的逻辑，依靠的基础是人的创造力。产业集聚以物质要素成本来支撑其规模扩张，对信息和知识的依赖度要小很多，就是制造业集聚处于"微笑曲线"的底部，产业发展是附加值低的组装和加工环节。产业创新集群所依赖的就不是简单的要素成本了，更重要的是依赖人的创造力。创新对廉价要素的依赖度很低，但对信息、数据、知识、制度的依赖度是非常大的，信息和市场的制度是最重要的区位因子。因此，数字经济时代构成了产业创新集群最重要的时代背景。产业创新集群的本质是创新，创新必须遵循一种"交"和"跨"的逻辑，在产业创新集群多领域、多行业、多专业的交流和跨界中推动思想的创新。

新空间：打造新门户和新节点

2022年以来，苏州提出了数字时代数字产业创新集群发展的战略目标，随后苏州市委、市政府又提出了市域一体化的战略举措。我认为实际上这两个之间有内在的逻辑关联性，因为产业创新集群不可能在一个碎片化的封闭空间中实现，它必须在一个要素能够自由流动的空间中、在市场一体化下才能形成。也就是我们的十大板块，每一个板块能够最后形成自己独特的产业创新集群，我想这一点可能是非常重要的。所以市域一体化实际上是苏州进入高质量发展阶段的必然选择，同时也是苏州高质量融入长三角一体化发展的必然要求。

在市域一体化的进程中，苏州十大板块每个板块应该对自身进行科学的定位，比如姑苏区应该有效发挥自己得天独厚的文化资源，相城区应该充分发挥自身区位优势等等。各板块应该在发挥自身优势和科学定位的基础上，大力发展具有优势的产业创新集群。同时，我认为在市域一体化的进程中，还应该通过空间重构，进一步提升中心城市首位度，发挥中心城市在创新中的地位，实现产业布局更加合理化。比如最近苏州提出的"产业在沿江转型，创新在城区集聚"，就是为了更好地促进苏州制造业的创新发展，形成不同区域之间合理分工与合作，这对于苏州制造业转型升级和创新发展非常重要。

传统制造业的发展主要依据一种"板块思维"，即依靠开发区来支撑经济发展，即以廉价的土地资源、劳动力资源等要素支撑制造业的规模化扩张。产业创新集群的发展必须要依靠"节点"思维，"沪苏同城化"很重要的就是提升长三角在全球的枢纽地位，打造中国开放的"新门户"和"新节点"，以此来集聚全球的高端要素。我觉得苏州应该积极对接虹桥国际开放枢纽，加快北向拓展带规划与建设。"沪苏同城化"的发展要推动沪苏之间新空间体系的形成。苏州未来重要的产业轴线可以用"丰"字形表示，即沪宁制造业带、沿江制造业带、"沿太湖科创圈－吴淞江科创带"，以及南北向的苏嘉杭和通苏嘉甬相互叠加的产业轴带等。

产业创新集群是苏州迈向高质量发展的必由之路

新要素：产城人融合的"增长三角"

新产业发展必须依靠微观要素结构来支撑，如果要素结构不能得到有效的转变，新产业只能是一句空话。要素结构是产业结构的重要基础，其中人才要素是关键。苏州进入新的发展阶段，我认为应该有效发挥企业家和各类人才的作用，硬实力、软实力归根结底是人才的实力。政策的制定应该紧紧围绕市场的微观主体，要把市场主体作为经济工作和宏观区域经济政策制定的立足点和出发点。因此，新产业的发展还必须要和城市功能的完善、人口结构的优化等有机协调起来，这三者将形成相互作用、良性互动、相互制约的关系，共同组成一个"增长三角"。任何一方面发展不足都会制约其他两个方面的发展，进而影响总体社会经济的高质量发展。三者融合既是苏州高质量发展的要求，也是高质量发展的内在动力，任何割裂三者的关系都不会取得社会经济的可持续发展，创新发展的战略目标也难以实现。在相当长时期内，很多地方的发展都是一种割裂式的发展模式，开发区仅仅成为一个产业集聚区，城市功能不完善，利用廉价的土地资源，导致了城市低效率空间蔓延，缺少必要产业和城市功能的支撑，以人才为主的高端要素难以集聚，产业结构的转型缺少高端要素支撑。客观地讲，在特定历史阶段，这种割裂的发展模式具有一定的历史合理性。但进入新发展阶段，这种模式的负面影响在逐步显现，严重制约城市和区域的创新发展。产业创新集群发展、城市功能转型、人口结构提升三者构成"增长三角"，"增长三角"要求我们必须要树立系统化的发展理念。

从以往苏州的落户人员来看，大专以下学历占比较高，这与产业结构中传统产业占比高、劳动密集型企业为主、外贸代工企业多的特点相关。高素质劳动力的缺乏，影响了产业的转型和提升，以及城市功能的提升，反之亦然。立足现实，面向未来，只有解决产城人融合的深层结构型问题，才能推动苏州的创新发展。构建城市发展新格局，应该充分认识发展的阶段性与产城人融合之间的辩证关系，越是进入以创新为第一动力的高质量发展阶段，产城人融合的规律就愈加发挥着重要作用。既然是规律，就应该尊重规律，并利用规律，推动苏州经济、社会的高质量发展。

新生态：增强产业链发展合力

如果说传统制造业主要是以单个企业为单位的竞争，那么现在的新产业更多是以多个企业构成生态系统的形式存在的，平台经济越来越重要。新产业的竞争主要依靠的是产业生态系统等的竞争。在数字经济时代背景下，我们必须遵循以人的创造力为基础的创新集群的逻辑。

产业创新集群是企业、新型研发机构、金融和法律机构、中介机构、行业协会、咨询机构、会计师事务所、政府等构成的"生命共同体"。在这个生命共同体中人是最重要的要素，人才是最重要的支撑，特别是创新型的人才。苏州最大的优势在于制造业，制造业与创新的结合就构成了产业创新集群，但这种结合不是一个简单的相加，不是物理反应，而是化学反应，更是生物反应；必须深刻理解创新生态系统的本质内涵。创新的根本就在于依赖人的创造力，特别是依赖伟大的企业家的创造力。这些企业家最重要的功能就在于把各种创新要素集聚起来，变成一个创新生态系统。人的创造力是区域发展的最根本动力。产业创新集群的背后逻辑也是充分调动每个个体的创造力。

此外，产业生态的核心是建链、补链、强链，必须理顺企业分工协作关系，加快产业自主建链、补链、强链进程，提高畅通融合发展水平，进一步增强产业体系的协调性、坚韧性和开放性。我认为应该积极培育产业链链主企业和生态主导型企业，逐步弥合割裂的产业间和企业间联系，构建起更具话语权和主导权的本土价值链，增强产业链发展合力和整体竞争力。苏州可以"沪苏同城化"推动新产业体系的形成，应该从根本上利用上海和全球的创新资源，推动跨区域创新生态系统的形成，将产业链、创新链、人才链、资金链等有机地融合起来，以此来支撑苏州新制造的发展。

新品牌：提升产业竞争力

新产业，特别是新制造的发展必须以打造苏州制造"新品牌"为最高目标。在全球制造业的发展中，美国制造、德国制造、日本制造等都是被消费者认可的，消费者从这些品牌中都能获得一种无形的价值，我想未来"苏州制造"需要形成一种区域品牌甚至世界品牌。比如消费美国产品会给消费者传达一

江苏医疗器械科技产业园打造"苏州制造"品牌

个"高科技"的信号,消费德国产品会给消费者传达"质量放心"的信号,消费法国产品会给消费者传达一个"时尚"的信号,消费瑞士产品会给消费者传达一个"小而精"的信号,消费中国台湾的产品会给消费者传达一个"工艺精进"的信号,那么消费苏州产品会给消费者带来什么价值?这些都是需要我们思考的。因此,进入新阶段,制造业发展的最重要目标就是打造"苏州制造"品牌。品牌建设对于促进经济高质量发展、满足居民消费升级的需求、提升产业国际竞争力具有重要的意义。

另外,进入新的发展阶段,除了考虑"苏州制造"品牌以外,也应该考虑苏州"江南文化"品牌,二者之间是一种魂与体的关系,是相互促进的关系。无论"苏州制造"品牌还是苏州"江南文化"品牌,都离不开苏州城市载体。"苏州制造"品牌、苏州"江南文化"品牌、苏州特大城市的打造,这三者构成新时代苏州发展的三大支柱,或称之为"成长三角",离开了其他两个支柱,也会影响"苏州制造"品牌的塑造。

方世南：生态优先，绿色发展

方世南（苏州大学首批卓越学者特聘教授、博士生导师，苏州大学东吴智库首席专家，苏州专家咨询团团长，享受国务院政府特殊津贴专家）

> 人与自然的关系和人与社会的关系一样，是伴随人类社会发展始终的永恒关系。人与自然的关系经历了从原始采集文明、渔猎文明、游牧文明、农业文明时代人对自然的屈从、臣服阶段，到工业文明时代人对自然的一味征服、改造阶段，由此带来自然对人的报复的严重问题，必定会倒逼人类端正对自然的态度，协调好人与自然的关系，进入人与自然和谐共生、亲密相处的伙伴关系阶段的生态文明新时代。促进人与自然和谐共生更能充分显示出我国社会主义制度的优越性，是把我国建设成为富强民主文明和谐美丽的社会主义现代化强国，全面提升我国物质文明、政治文明、精神文明、社会文明、生态文明发展水平的重要前提条件和重大目标愿景。方世南教授始终怀揣着一个建设美丽中国、美丽苏州的生态梦：

绿色发展是追求真、善、美的发展

生态文明这个概念学术界提出得很早（德国学者伊林·费切尔于1978年提出），大概在我国改革开放初期。我说得也很早，20世纪90年代在昆山调研的时候，我就提出一定要把经济发展和环境美化、优化结合起来，这就是生态文明的问题。1986年，我在《社会学研究》上发表了《江苏吴县桑蚕生产调查》一文，探讨生态经济，提出以绿色发展推进贸工农一体化协调发展的对策。为什么提出绿色发展问题？我想是基于几点考虑：

第一，就是经济增长不能建立在损耗资源环境承载力的基础上，经济增长的同时要保持供给经济增长的资源环境的能量。因为经济增长本身就是一个能量的交换，所以我们的经济再怎么高速增长也不能剥夺资源环境的承载力。资源环境有一个承载力，比如对于粮食种植来说，土壤是有承载力的。

"绿水青山就是金山银山"

因此经济增长和生态环境要保持同步,经济要增长,社会要发展进步,生态环境也要优化。

第二,我们今天的经济增长必须充分考虑代际关系,既要保证当代人的价值实现,也不能剥夺子孙后代的生存空间和福祉获得。这就是所谓的代内价值与代际价值的关系,要留得方寸好地,让给子孙好耕。这两个方面在人与自然和谐共生价值链条中是紧密关联的。如果不能实现代内价值,由代内与代际所构成的价值链条必然中断,根本谈不上代际价值;而没有代际价值,代内价值也根本无法延续下去,代内价值和代际价值终将成为虚无。

第三,生态禀赋本身也是构成经济发展的一个重要因素,即资源环境也是生产力。简要来说,"绿水青山就是金山银山",这也是指导中国生态文明建设的主要理论。同时,绿水青山又是子孙后代永续发展的幸福靠山,要

平望大运河

看到环境不仅是我们当代人拥有的,而且是子孙后代拥有的,是子孙后代未来赖以生存和生活的主要资源。

  绿色发展实际上是一个指导思想,发展质量如何的衡量标准就是看有没有把经济增长速度和环境质量有机结合起来。我们不能把经济的高速增长建立在牺牲资源环境的基础上,不能搞一刀切的发展,不顾一切把生产力提上去,那后续发展靠什么?所以我们要讲可持续发展和永续发展。所谓永续发展,就是要确保中华民族世世代代发展,要确保全人类世世代代发展。在绿色发展已经成为全世界现代化建设中一股强大的时代潮流时,我们今天倡导绿色发展,就是顺应和引领时代潮流,就是对全球发展的贡献。你越讲绿色,你越国际化;你越讲绿色,越能得到国际社会的拥护。经济发展绿色化,本身就是我们承担大国责任、获得国际社会好感的一种发展方式。善待环境,就是善待人类自身。

生态文化的本质是天人合一、人与自然和谐共生，我们要从中华文化的宇宙观、价值观、伦理观、审美观来剖析这一内在文化，其实无非就是三个字：真、善、美。我们今天讲绿色发展其实就是追求真、善、美的发展。真就是要合乎客观规律，自然界的客观规律不能违背，要坚持自然价值和人的价值的有机统一，人类要在敬畏自然、尊重自然、认识自然、顺应自然、保护自然中促进经济社会发展，避免人与自然之间在征服与报复、敌对与折腾之中两败俱伤。善就是人与自然要协调发展，构建人与自然之间的友好善良关系。在发展中，要将人与自然关系的伦理道德、人与社会关系的伦理道德、人与人关系的伦理道德紧密地结合起来，展示出人类活动的合目的性之善。人类的任何活动都是有目的的活动，是追求实现推动人类进步的实践活动。在这一过程中，我们要善待动物，善待植物，善待整个自然界。我们还要追求第三个品质，也就是追求美和创造美。人居环境要美，生产的物质产品要美，要以美的环境不断满足人们日益增长的审美心理、审美生活的需要。这个美就是人与自然和谐、协调之美，人与自然不协调、不和谐的话就是丑。所以我一直秉持这么一个思想，生态文明这个概念本身是针对人的，是针对人的真善美的。因为生态本身是无所谓文明或野蛮之分的，今天下雨你不能说是生态野蛮，发生地震也不能说是生态野蛮，山呼海啸、风霜雨雪、阴晴圆缺、四季更迭，都是自然现象。生态文明，本质上就是人善待了生态，生态就文明了。这其实是人与自然的关系，离开了人的话，自然界所发生的一切都只是客观自然现象。有了人与自然的关系，人对自然采取什么样的态度，就有了生态文明和生态野蛮的区分。人对自然环境友好就是生态文明，人对自然环境怀有恶意就是生态野蛮。这是很简单的道理。我觉得环境从来没有亏待过人类，而是人类亏待了环境，就是这么一个道理。我们破坏了环境，那是我们的责任，不是环境的责任，所以我们要反思自身。

西山：人与自然亲密无间

从生态觉醒，到生态理性，再走向生态自觉

  1978年，我去无锡太湖鼋头渚，当时的水很清，到了20世纪90年代，水已经很浑浊了。这个时期我把它叫作生态理性的失落时期。后来，随着国家对环境、对生态文明建设要求越来越严格，慢慢出现了生态觉醒、生态理性。在觉醒、理性的基础上再走向生态自觉。早在20世纪90年代，我就提出要加强生态文明建设，还与持相反观点者辩论过。他们认为要先污染后治理，我认为这种观点是不对的，因为有两点你做不到：一个是你污染了以后不可

还原；第二个是你治理的成本比你的产出不知道要大出多少倍。但当时都是这种思想：不污染，不发展经济，怎么搞环保呢？这就是生态理性失落，可以说是丢掉了灵魂。现在我们要补课，首先要实现生态理性的觉醒；在生态理性觉醒的基础上，实现生态自觉，做到自觉地善待生态环境，这是三部曲。

我觉得生态理性的觉醒是很多方面引起的：一个是民声的呼唤。经济上去了，环境却变糟糕了，"发展为民"究竟体现在哪里？第二个是经济质量上不去，抓经济的同时严重污染了环境，就不可能出现高质量发展。还有一个是这种发展模式的不可持续性，这影响到我们的投资环境。现在我们也看到越来越多关于生态文明的理论知识，包括国外的很多书，比如蕾切尔·卡逊的《寂静的春天》、亨利·戴维·梭罗的《瓦尔登湖》、奥尔多·利奥波德的《沙乡年鉴》都是关注自然界的。《沙乡年鉴》被认为是"生态思想的《圣经》"，和前两本书并称为"自然文学三部曲"。春天来了，但一片静悄悄的，动物死了，植物死了……那么你的发展有什么意义呢？《瓦尔登湖》就是研究人与自然之间的亲密关系，散文写得非常漂亮。《沙乡年鉴》从哲学、伦理学、美学及文化传统的角度阐述了人与自然应该具备的关系。而且一直以来，中国有很多知识分子不停在呼吁，我想这也是唤起生态理性觉醒的重要方面。

我认为我们是有条件实现生态自觉的。国家现在提出的人与自然和谐共生的现代化，生态优先、绿色发展等等，这是全国各个地方都必须遵循的准则。另外很重要的一点，我们今天更强调高质量发展，高质量发展不仅仅局限于经济发展的高质量，还包括优质的生态环境。所以说高质量发展包括了生态文明建设方面的高质量发展。我们今天发展的一个目的就是生态为民、生态惠民、生态利民。同时国际社会绿色贸易壁垒也要求我们必须坚持绿色发展、高质量发展。所谓的绿色贸易壁垒就是你的产品要出口，必须按照国际环保标准来进行检测，如果检测出这个产品不符合绿色要求，比如农药、化肥超标，

生态文化是城市的软实力

那就无法出口。现在养殖业、种植业都在讲绿色，畜牧宰割也讲绿色，叫人道主义宰割，这些都是新的绿色科学方式。我们现在也越来越跟国际接轨。

　　生态的高质量发展是一个体系，不是单独某一个方面。第一要讲生态文化，这是灵魂，也是指导思想。全社会要形成重视生态、重视生态文明的思想意识，这一点很重要。也就是所谓的理念先行，要让生态理性、生态自觉、生态文化等理念，深入群众，深入基层，深入人心。第二个，生态文明的体制机制要创新，生态补偿、生态价格、资源的合理利用等都要有制度化的保障，包括我们国土空间的开发等，哪些加以限制，哪些不允许，都要建章立制，规范化。还有科技创新非常重要，我们现在越来越朝着绿色发展的方向迈进，有很多污染的、能耗高的企业可以通过科技创新的方式节能减排。这个文章做好了会带来很大的收益，比如沙钢。沙钢原来是苏州市消耗能量很大的企业，

生态文化渗透在城市的各个角落

现在引进了国际最先进的降低能耗的专利,将厂区搞成了一个花园工厂、清洁工厂,现在的工厂已经听不到噪音了,这个就是技术改造、绿色科技。再有就是我们的生活方式、消费方式要绿色化,每个人都要有强烈的绿色生活、绿色消费意识,养成绿色的生活方式、消费方式和行为方式。比如每个人都能做到不用塑料袋,用一次性可降解的环保袋,或用传统的可循环利用的编织袋;能够绿色出行的就绿色出行,少开车也是对我们的空气负责;还有产品要避免过度包装,一个小小的月饼,包了又包,耗费了许多材料。所以说这是一个系统工程,生态文化渗透在城市的各个角落和各个领域,体现在政府、企业和居民的日常生活中。生态文化是城市的软实力,反映了城市的形象,也是推动生态文明建设的无形而巨大的力量。

生态优先、绿色发展

生态优先、绿色发展的"苏州经验"

苏州这些年生态文明建设的成就是非常巨大的。对于因水而生、有着"江南水乡""东方水城"之誉的苏州而言,最大的一个任务就是治水。苏州差不多有一半面积是水面,苏州的生态文明建设显性表现就体现在水质上。这些年苏州花了很大的财力、物力、精力,牢牢抓住"控源截污"这个牛鼻子,从源头上开展一系列治水工作,城镇污水厂处理规模,及城市、城镇、农村生活污水处理率等各项数据指标在全省领先,还在全国首创联合河长制,跨界河湖各方联合行动卓有成效。靶向治疗、精准治污,成为苏州的治水经验。还有大气治理,从 2013 年开始,我们 PM2.5 检测数据每年都在下降。大气治理是一种倒逼机制,倒逼能耗大户节能减排、绿色发展,这样我们的空气质量好了,水质也好了。

还有我们对长江的保护也是非常有意义的。比如常熟的"铁黄沙",原来常熟市计划将"铁黄沙"打造成现代化物流基地。但随着长江经济带"共抓大保护,不搞大开发"的提出,"铁黄沙"现在已经成为"长江—太湖"节点重要的生态涵养区。落实"共抓大保护,不搞大开发",表面上看是解

决环境问题，深层次看是解决经济高质量发展问题，要通过环境治理倒逼产业转型升级，通过"砸笼换绿""腾笼换鸟""开笼引凤"，布局发展新产业新经济，让生态环境与经济质量得到同步提升。

　　苏州是鱼米之乡，农业发达，长期以来，由于化肥、农药的大量施用，种植业面源污染问题日益凸显。近些年来，苏州各地一直在探索生态农业的发展。比如太仓城厢镇的东林村，开发出了"一根草""一头羊""一袋肥""一片田"的生态循环农业，就是将水稻秸秆制作成饲料、用生态饲料喂养特色湖羊、羊粪再加工成有机肥来提升土壤有机物含量，土壤的有机质提高后，种植出的大米、蔬菜水果都能卖出好价钱。还有常熟的蒋巷村，全村水稻全部实行有机化生产、立体化种养，全程不用化肥农药，确保大米高品质，经济效益倍增。每家每户都有村里配发的优质口粮，村里还出资给每个家庭划定了"一亩三分地"的生态蔬菜园，鼓励村民自己种点菜、养点鸡鸭，这样充分保留了农民的生活习惯。我觉得这些都是很好的经验，值得推广。

　　苏州在很多方面都是走在前列的，早在"十二五"期间，就通过地方立法，建设保护"四个百万亩"，即百万亩优质粮油、百万亩园艺作物、百万亩生

实现人与自然和谐共生的"美丽苏州"

态林地、百万亩特色水产，通过实施这些措施，为子孙后代留下广阔的发展空间，永久展现江南"鱼米之乡"风貌。苏州是全国最早试行生态补偿制度的城市之一，2006年就提出"建立保护区生态补偿机制，设立生态补偿专项资金"，2014年出台实施《苏州市生态补偿条例》，是全国首个生态补偿地方性法规。创新落实生态环境损害赔偿制度，生态环境损害赔偿典型案例位居全省前列，启动太湖生态岛生态环境损害赔偿示范基地建设，全省首个替代性修复案例成功落地吴中区居山湾碳汇林片区。还建立了绿色发展考核机制，把"绿色GDP"纳入干部考核体系，把资源消耗、环境损害、生态效益纳入经济社会发展评价体系。2022年，苏州推出全国首个市场化碳普惠交易体系，为中小微企业提供家门口的碳减排量认证和交易服务，推动绿色低碳生产方式转型。这是非常具有创新性的举措，通过市场机制使得整个减碳目标都能实现，中小微企业可参与碳交易，将低碳生产化为真金白银。

英国人埃比尼泽·霍华德在100多年前就提出了"田园城市"的概念，城市要负担衣食住行的问题，能够自我循环。但我们现在的城市太大了，不太适合这种模式。我比较提倡的是太仓的现代田园城市建设理念，近些年来，太仓生态文明建设做得相当好，不断优化城市生态空间格局与形态面貌，着力构建"城在田中，园在城中"的优美生态环境。用一句话形容就是："这里的空气有点甜。"太仓的"田园城市"建设是具有中国特色的，体现了人与自然和谐共生的现代化理念。人与自然从来不是敌对关系，而是合作关系，是伙伴关系，彼此共同前进。

实现人与自然和谐共生的"美丽苏州"

我想党的二十大以后，苏州在生态文明建设上第一步就是应该原汁原味地、原原本本地把二十大提出的人与自然和谐共生的现代化——中国现代化的本质特征和要求之一，落实到苏州全市的各项工作中去，这是非常重要的方面。第二，苏州现在面临的一个很重要的问题就是要加快转型升级步伐，产业要调高、调轻、调优、调绿、调强，因为2030年碳达峰、2060年碳中和的目标已经开始倒计时了，给我们留的时间其实不多。何况苏州是全世界的制造业重镇，它不是一般的制造业重镇，是全世界的。所以我们必须围绕这个目标，把制造业转向绿色制造业。要在全社会实施一场以绿色为导向的变革，并且这场变革要遍及以往存在问题的方方面面，包括生产方式、生活方式、消费方式、行为方式等等。要把绿色社区、绿色城市、绿色企业、绿色学校、绿色商场等落到实处，全社会要养成生态自觉。比如苏州有很多大型商场，也应该参与到节能减排任务中来，按照人流量和时间合理安排能耗，这种节约可以说是举手之劳，通过触摸识别、智能识别等技术手段就可以解决。还有很多公共场所和办公区域的空调夏天开得非常冷，非常耗能，我觉得完全没必要，这跟人们的生态理念相关。

我们要站在人与自然和谐共生的高度谋划人类社会经济发展。这些年苏州持续进行文明城市创建，如今社会各方面的素质都普遍提高了。人的素质是一个养成的过程，企业也是。所以应该对企业不停地进行培训教育，不然他们就会只考虑经济效益，而忘记了文化和生态效益。我们当然要经济效益，同时也要考虑生态效益，承担社会责任，更要考虑子孙后代的发展。这几个效益都是统一的，不是鱼和熊掌不可兼得。企业对社会贡献越大，人们对这个企业产生的好感度就越高，就形成了购买力。苏州有很多企业都做得不错，包括民企，现在都很注重节能减排、绿色发展。

"上有天堂，下有苏杭"，苏州从城市形态、生态禀赋来说，是最有资格讲美丽天赋的。苏州历史上就是一个优美的地方，是"鱼米之乡"；苏州的"蘇"这个繁体字，有草，有鱼，有禾苗；苏州的城市格局，人家尽枕河，小桥流水人家，这都是优美的城市形态。我相信在不远的将来，全社会将广泛形成绿色生产生活方式，碳排放达峰后持续下降，生态环境根本好转，能够全面实现建成"美丽苏州"标杆城市的目标，以绿色发展绘就新姑苏繁华图，向全世界展示中国式现代化苏州新实践形成的最美窗口。

拱门背景的独墅湖科教区

王勇：从"多中心城市"到"中心城市"

王勇（苏州科技大学建筑与城市规划学院教授、中国农村发展学会常务理事、中国城市规划学会理事）

在《上海大都市圈空间协同规划》中，苏州功能特殊，被定位为综合性全球城市之一，和宁波市区、上海临港新片区一起列为全球城市"第二方阵"。《苏州市国土空间总体规划（2021—2035年）》中，苏州提出的城市性质为"国家历史文化名城和风景旅游城市、国家先进制造业基地和产业科技创新中心、长三角世界级城市群重要中心城市"。围绕这个定位和城市性质，苏州应该在更深层次的融合上发力，持续拓展一体化发展空间，由多中心城市变为中心城市，由"多点型"城市走向"集聚型"城市，通过制造产品全球化、科技研发全球化、文化旅游全球化，发展成为真正的综合性全球城市。

从市域多中心城市到中心城市，一路的探索和实践，才有了今天的"握指成拳"。且听苏州科技大学建筑与城市规划学院王勇教授对苏州市域一体化探索和实践的解读：

抓住机遇，加快城市空间结构调整

作为经济最发达的地区之一，改革开放至21世纪初，苏州先后经历小城镇"遍地开花"和各级城镇开发区"遍地开花"两个城市化阶段，在推动市域城市化相对均衡和快速发展的同时，弱化了中心城区的实力和吸引力，从而出现了迄今仍然存在的"强县弱区"现象。我认为中心城区综合功能的弱化不仅可能阻碍区域经济和城市化迈向更高质量发展，而且是苏州"综合性全球城市"建设需要突破的重要因素，也是全球化下苏州中心城区需要突破的瓶颈。

改革开放以后，中心城区与县（市）的关系实质上是复杂的博弈关系。从市县博弈关系的角度，不难得出苏州中心城区功能弱化的深层次原因。在乡镇企业"异军突起"的20世纪80年代，大量中心城区的资源直接或间接

东吴塔下

吴中向东望

输送到以县城为中心的区域城镇中，为乡镇企业的高速发展提供了资金、技术、人才等支持，乡村工业化的高速发展为县域经济的发展奠定了坚实的基础。在改革开放初期行政分权的大背景下，1983年常熟第一个"撤县建市"，1986—1993年张家港、昆山、太仓等先后"撤县建市"。"撤县建市"扩大了县级发展的自主性，强有力地推动了苏州各县级市经济的高速发展。但与此同时，中心城区与县级市的关系变得更为复杂，加剧了中心城区与县级市之间的离心化发展。县级市与中心城区之间表面上是纵向的行政隶属关系，但在招商引资、外资优惠、产业升级等方面却呈现出"逐底竞争"关系。1990—2000年期间，昆山市得益于临沪优势，常熟市、张家港市、太仓市得益于沿江深水港优势，大力招商引资，发展外向型经济，推动产业转型升级

吴中向南望

和县域经济快速发展。其间，尽管苏州工业园区和新区开发建设在一定程度上减缓了中心城区功能弱化的势头，但伴随县域板块快速崛起，2000年前后，苏州市域呈现出典型的"强县弱区"空间格局。为此，2000年12月，国务院批准撤销了吴县市，设立吴中区、相城区，苏州展开了大规模的村镇合并、镇改街道，开启了苏州城市空间发展的大变革。

2012年，在经历近十年博弈后，苏州最终实现了吴江撤市设区。与此同时，城区的平江区、沧浪区、金阊区合并设立姑苏区，苏州市区的辖区面积由1649.7平方公里增加至2742.5平方公里，市区直接与上海接壤，苏州中心城区首位度得到较大提升。为保持吴江原有县域经济的发展活力，苏州市提出了现有体制机制"五年不变"的许诺，使吴江撤县设区实现了平稳过渡。

吴中向西望

撤市设区后吴江区在社会保障、医疗资源、教育资源、基础设施建设方面加快与市区融合，为城市整体发展提供了更为广阔的发展空间。

从全球城市发展趋势来看，中心城市是驱动区域一体化的核心"引擎"；做强做大区域中心城市、强化中心城市引领，是推动区域一体化和高质量发展的必由之路。2000年以来，苏州适时抓住了区划调整机遇，推动了苏州城市空间结构的快速调整，为"大苏州"城市发展格局奠定了良好基础。

内联外拓，推动跨区域道路建设

经济发展，交通先行。交通的便捷度，从来就是决定一个地区、一座城市经济社会发展的基础条件之一。苏州围绕建设交通强国示范先行区的目标

吴中向北望

定位，加快构建现代综合立体交通体系，更好服务区域协调发展，提出谋划全市轨道交通"一张大网"，推动市域道路一体化衔接，提高交通运输通达能力，助推中心城区与各县级市实现更大的联动发展，增强中心城区的辐射力、带动力。作为市域一体化的基础，苏州积极推进国铁干线、城际铁路、市域（郊）铁路、城市轨道"四网融合"，链接中心城区与域内县级市，为建设"全域一体化"的"大苏州"开创新局面，推动实现更高效率的生产要素流动和更高水平的产业发展协同。《苏州市国土空间总体规划（2021—2035年）》中提出，苏州将完善市域交通体系，打造45分钟市域交通圈，主城区和昆山、常熟、张家港、太仓，主要功能中心间45分钟可达。

长三角一体化发展，铁路是激发其活力的重要因子。现在，我们可以看

到苏州正全力擘画"丰"字形铁路网，打造"轨道上的苏州"。"丰"字形铁路网上面一横是北面的南沿江铁路和沪苏通铁路，中间一横是京沪高铁、沪宁城际及京沪既有线，下面一横是沪苏湖铁路，而一竖是通苏嘉甬铁路。未来，通过铁路网的打造，苏州将构建与长三角核心城市"1小时交通出行圈"、与临沪重要节点地区"1小时商务出行圈"、到上海的"1小时通勤出行圈"。

另外，全长41.25公里、于2023年6月建成运营的苏州轨交11号线备受关注，它串联起工业园区、昆山西部新城、中心城区、东部经济技术开发区、陆家镇、花桥国际商务区，接轨上海地铁11号线，既是推进苏州市域交通一体化的重大工程，也是推进长三角一体化基础设施互联互通的示范工程。随着花桥无感换乘通道的启用，上海苏州两地乘客通过"Metro大都会"或"苏e行"App乘车码，即可通过无感换乘通道，进入对方轨道交通网络并出站，充分感受"同城化"生活的便捷。我相信未来它会成为苏沪两地重要城市交通走廊，进一步引导城市空间布局优化，推动新型城镇化建设，促进交通、产业、空间一体化布局，不断增强人民群众的获得感、幸福感和安全感。

月亮湾区域全景

加强协同,提升中心城市首位度

我认为只有中心城市与各大板块协同起来,才能产生"1+1＞2"的协同效应。因此,苏州各个县级市发展的空间战略方向选择要与中心城市的空间结构战略调整方向相衔接。以中心城市为核心构筑苏州城市发展的空间包括三个圈层:第一圈层是中心城区,包括姑苏区、苏州工业园区、虎丘区、相城区、吴中区、吴江区;第二圈层是昆山市、常熟市;外围是张家港市、太仓市。

在中心城市范围内各个区之间应该加强协同,比如苏州工业园区与吴中、相城的协同。独墅湖科教创新区(东区)是苏州工业园区和吴中区的联姻;苏相合作区由苏州工业园区和相城区合作共建。吴江区与中心城市其他区域的协同发展也非常关键,我觉得吴江区应该通过苏嘉杭和通苏嘉甬南北轴线主动向北发展,与中心城市工业园区、相城等对接;相信接下来东太湖隧道的建设将会加强吴江区与吴中区、中心城区等区域的联系,打通节点瓶颈。另外,苏州还依托"环太湖科创圈""吴淞江科创带"的空间概念,围绕太湖、

立足特色，实现区域产业错位协同发展

吴淞江沿线，推动苏州各区、各板块串珠成链、深度融合，实现资源整合。

各县市也在积极融入市域一体化，比如昆山目前的发展思路就非常清晰明确：融入苏州主城，联动太仓，打造沪苏同城"桥头堡"。向西融入苏州主城，以昆山高新区为支撑，加强与苏州工业园区的联动，打造苏州市域一体化发展科创强引擎，这对于进一步强化沪宁轴线、形成各大节点之间的互动、提升中心城市首位度具有重大的意义；同时向北联动太仓，以昆山开发区为龙头，共同打造苏州先进制造增长极；昆山还以花桥经济开发区为前沿阵地，打造沪苏同城"桥头堡"；另外，全面融入"吴淞江科创带"总体布局，规划建设昆山未来城。"南向发展"已成为常熟市"十四五"及中长期空间规划的主攻方向：一是在常熟南部，苏州主城北高起点，高规划打造中新（常熟）昆承湖园区，未来将承接苏州的产业溢出。二是常熟相城一体化，构建环阳澄湖国际都市圈。我相信，以环阳澄湖国际都市圈为具体抓手，推动常熟市、相城区、工业园区、昆山市协同发展，不仅对于推动苏州市域南北一体化具有重大意义，而且对提升中心城市首位度具有重大的作用。

当然，在市域一体化的基础上，我觉得苏州还可以巩固放大和上海的同城效应，这不是各大板块各自与上海等之间的对接，而是在实现市域协同发展的基础上与上海的协同。一方面眼睛要看上海，实现与上海等城市的外部协同发展；另一方面也要回看中心城市，解决苏州的内部协同问题，外部协同必须建立在内部协同发展的基础上。

立足特色，实现区域产业错位协同发展

"新年第一会"是苏州每年谋划全局重点工作的首个会议，2020年提出"开放再出发"，2021年聚焦"智能化改造和数字化转型"，2022年主题锁定"数字经济时代产业创新集群发展"，2023年聚力"产业创新集群的融合"，我们可以看到，连续四年着力点都是产业，落脚点都在发展。苏州10个板块资源禀赋和产业基础各不相同，各具特点，所以我认为必须树立全市一盘棋的思想，才能引导产业合理布局，避免重复建设和无序竞争。

20世纪90年代，苏南乡镇企业蓬勃发展，有媒体形容"苏州跃起六只虎"，当时几个率先发展的县市各念各的"发展经"，各打各的优势仗。如今，苏州已是十只虎，各板块依然特色鲜明，如何让各个板块实现竞合发展与协同发展？我想苏州已经用产业创新集群建设的实践回应了这一课题。

2022年"新年第一会"以来，苏州各县级市（区）纷纷出台政策措施，在促进数字经济和实体经济深度融合、促进产业集群向更高能级的创新集群演变的同时，实现区域协同，坚守和发挥各个板块自身产业集群的特色及优势，共同构建产业链和创新链，做强产业创新生态，高水平打造分工合理、优势互补、各具特色的产业创新集群。比如张家港的新能源、特色半导体、智能高端装备三大产业已成为高水平产业创新集群，并成功获批创建全省县（市）首家省级技术创新中心——江苏省氢能技术创新中心；常熟市结合"三区三线"

划定，加快工业用地结构调整，为产业发展腾挪空间资源；姑苏区通过实施"百强千企"培育、创新人才集聚等"六大行动"，推动数字创意和高技术服务两大重点产业创新集群发展；吴江区聚焦先进材料产业创新集群，累计培育世界500强2家、上市企业8家。

在产业集聚阶段，主要依靠成本优势、招商引资、重复建设、同构竞争，市域统筹发展只能是低水平的，很难形成各大板块的协同发展，也难以实现市域范围内科学的产业分工。但产业创新集群不可能在一个分割的、碎片化的空间中形成。所以我想苏州加快市域一体化发展，十大板块大力发展各具优势的产业创新集群，通过空间重构，就能实现产业布局更加合理化。可以看到产业创新集群建设以来，来自全球范围的企业、人才、资本等一系列创新要素正以集群之势加速汇聚，并广泛散布到产业体系的各条经脉当中去。

打破行政边界，走绿色发展道路

城市环境包括生态环境、投资环境、政策环境、法治环境、政府服务环境等，生态环境不仅是城市环境的重要组成部分，同时也是城市产生、发展的场地。苏州中心城区内河网纵横，山水毗邻，但20世纪八九十年代的工业企业分散布局及开山采石造成城市生态环境弱化，环境的自净能力降低。近十多年来，苏州贯彻可持续发展战略，坚持经济发展与环境保护、环境建设并举，大力塑造中心城区生态特色，建设生态环境平衡基础上的自然可亲的城市环境。由于行政所有权带来的水资源、环境保护等问题，其中有很多过去长期无法解决，导致发展要素不集中、不畅通。近年来，苏州各板块以职能下放承接为契机，进一步理顺水务工作机制，充分构建市、区两级分工明确、协同高效的工作机制。充分发挥好河长制平台作用，坚持上下联动、横向互动，强化与兄弟板块之间的直接沟通协作，逐步建立起跨界河湖"联控、联动、联治"的常态化问题处理机制。

2023年2月，《长三角生态绿色一体化发展示范区国土空间总体规划（2021—2035年）》获得国务院批准，这是长三角生态绿色一体化发展示范区规划、建设、治理的基本依据。建设长三角生态绿色一体化发展示范区，是实施长三角一体化发展战略的先手棋和突破口。青浦区有21个自然湖泊，朱家角、金泽和练塘3个国家历史文化名镇；嘉善县拥有55个湖泊和1个西

吴江鼋荡湖：长三角"水乡客厅"

塘古镇；吴江区被称为"百湖之城"，有320个湖泊，还有同里、震泽、黎里3个古镇。因此与本地经济、资源、环境条件相结合，走生态绿色发展道路成为三地的共识。

现在，三地已经共同签署生态环境综合治理合作框架协议，明确从区域发展协作、环境污染治理和环境安全防控三方面建立完善三地污染防治协作机制，切实维护三地环境运行安全。我认为示范区应该在严格保护生态环境的前提下，率先探索将生态优势转化为经济社会发展优势、从项目协同走向区域一体化的制度创新，打破行政边界，在不改变现行行政隶属关系的情况下，实现共商共建共管共享共赢，为长三角生态绿色一体化发展探索路径、提供示范。

陈霖：公共艺术是感知城市的界面

陈霖（苏州大学传媒学院教授、博士生导师，中国影视高等教育学会媒介文化专业委员会理事，江苏省美育教指委委员，苏州市文艺评论家协会副主席）

> 公共艺术是城市文化的重要组成部分，也是一座城市的气质所在。城市发展需要表现出更多的人文精神，这使得公共艺术尤为重要。艺术创造介入到城市的建设中，是城市人文价值的内涵映射，能激发城市建设公众参与的荣誉感和认同感，凸显了城市开放与包容的气度。艺术，如何让城市更美好，且听陈霖教授解读：

艺术让城市更可触可感

我一直觉得一个城市的发展如果没有艺术，将会缺少温度和可感性。我们的美术馆、博物馆、公共文化中心等，都是城市发展中无形的精神享受层面的东西。它们让苏州这座城市更温柔，更可触可感，更具有浪漫的气息。另外还有艺术家、作家和文艺工作者，他们让苏州和外界的关系更为密切。一个城市如果没有他们，也是无趣的。

苏州拥有丰富的传统艺术形式，这些年苏州市政府非常重视传统文化的保护开发，一方面通过各种文化政策，使它们在今天这样一个空间仍是这座城市的重要构成，或者说是这座城市的底蕴所在；另一方面，苏州在对传统文化的新的转化方面做了很多工作，比如"传统戏剧+沉浸式演艺"——园林版的《浮生六记》就是非常成功的一个样本。作为新编园林版昆曲，《浮生六记》在编排上将世界文化遗产"沧浪亭"与世界非物质文化遗产"昆曲"完美融合，成功复刻了一个"昆曲"的世界。这让《浮生六记》这样一个文本的形态，被更多的人感知，同时，它也是附着在传统文化机体上生长出来的艺术新果实。

保护传统，并在传统基础上进行转化，这样城市才能有新的气息进入。

消融

当然,这除了需要我们本土艺术家的活力,还要引入外部力量来激活。公共艺术场馆是公共艺术表达的重要空间。我们的场馆应以更为开放性的姿态吸引容纳新的艺术,比如寒山美术馆2021年初举办的声音艺术展——《地方音景:苏州的声音地理》,采取的展览方式、策展理念、展陈结果都是非常新颖的,对苏州这个传统文化比较占据优势地位的区域来讲,这种方式是一种巨大的冲击,也是非常重要的激活。这个展览的独特之处在于,它不是根据策展人的意图将已经准备好的作品布置在展览馆里,而是在发起人和主持人的组织、引导下,参加者围绕展览主题进行田野调查和艺术创作后进行的。于是,展览成为作品生成的机制。这一生成过程是创作者们通过声音的知识积累和田野采集,与苏州这座古老而又现代的城市发生具身关系的过程,它使艺术实践与城市生活发生在地性连接。我印象最深刻的是序章,他们从苏州古代典

四两千斤：实现"轻"与"重"的辩证

籍中将每个月跟声音相关的衣食住行的诗词、记录钩沉出来，形成了展览的部分。其实声音包含的内容很多，并且和情境相关联，对一件事的回忆，声音是引导。这种艺术的探索方式可能不是被所有层面感知到，但慢慢地通过这样的方式，会让很多苏州年轻人甚至外地人重新看待苏州。

还有在吴文化博物馆举办的展览《四两千斤：梁绍基、杨诘苍双人展》，展览标题暗示了两位艺术家的创作之间有着鲜明的差异，梁绍基专门以养蚕吐丝来构筑艺术作品，轻盈曼妙；杨诘苍则善于运用浓墨重彩，甚至身体行为来创作，富有视觉冲击力。此次展览的巧妙之处恰恰就在于利用这种反差，形成"轻"与"重"的辩证，促成了一种富有整体性的艺术表达。它将对本地历史文化的关怀作为主旋律，令其回响于当代艺术的展示之中，在更深层次上实现"轻"与"重"的辩证。换句话说，它坚持立足于本土，但不为其

圆融

封闭；它在让当代艺术点亮与接通本土历史文化的同时，也以本土文化反向连接当代艺术所标示的当代性。这在展览的前言中有明确的提示——这次展览是吴文化博物馆策划的"再问"系列展的第一展，这个系列将关注的问题是：本土历史在当代语境中的再现与释义；考古学在具体问题中的文化价值与社会价值是什么；后现代背景下博物馆功能的探索与重释；全球化过程中，如何演绎及建构中国故事与中国身份？与其说，一次展览，甚至一个系列的展览，也未必能够对上述问题给出令人满意的答案，毋宁说，展览提出的这些问题，拓展了感知的领域，激荡起人们的思考。这些问题可谓宏大，但对有着2500多年历史文化积淀，而又走在现代化前列的苏州来说，显得尤为适切和迫切，它们攸关苏州如何以更开阔的格局和胸襟，将历史文化底蕴与当代时代潮流

永恒的旋律

对接，拓展地方认同的文化资源，迎接和容纳更多的文化可能性。

艺术和一座城市的关系，无法像建筑和一座城市的关系那样直接（当然，在很大程度上，建筑也是一种艺术方式），但你可以通过艺术去感受这座城市。艺术是感知城市的界面，它不是直接告诉你这个城市什么样，而是通过接触你能感受到这座城市是什么样。这个"什么样"不是外在的，而是内在的，比如它的包容度、开放度、融合的能力等。我觉得一个城市要发展，这个能力很重要，苏州不缺这种能力，但这种能力还需要激活。

如何让传统与现代融合

公共艺术在旧城的改造中也起到非常重要的作用。比如苏州博物馆新馆，

"中而新,苏而新"

由华裔建筑大师贝聿铭设计。2013—2016年期间，我对此做过观察和研究。它是一个公共艺术品，免费对公众开放，很多人到苏州来就是要看这个建筑。公共艺术的一个重要特征就是没有门槛，从最浅的一个层面来说，它是一个城市标志性的东西。有了它，这座城市就有了标志，对人们形成对一个地方的认同或开拓地方认同资源起到非常重要的作用。苏州博物馆新馆选址位于历史保护街区范围，紧靠世界文化遗产拙政园和全国重点文物保护单位太平天国忠王府（即原苏州博物馆址），隔街相望的是另一处保护完好的园林狮子林。这个选址有着极大的挑战性：新的现代建筑不能破坏历史街区的原有格局，不能有损世界文化遗产的本来风貌。这是苏州城市发展中的一个经典案例。

苏州博物馆新馆独特而重要的意义首先在于讲述一个如何让传统与现代融合的故事。贝聿铭祖上是苏州的望族，狮子林就曾是贝家的私宅，贝聿铭曾在那儿度过一段难忘的儿童时光。贝聿铭接手在该选址设计博物馆建筑，其个人身世与苏州传统园林的情感联系，天然地缓和了文化遗产保护与现代建筑设计之间的紧张，也就在人们的心理上部分弱化了传统与现代的矛盾。媒体报道说，贝聿铭把这一被厚重的历史文化环拥的地块视为自己心中的"圣地"。后来的实际情况似乎也证实了这一点：不管是业内专家还是普通人士，都能在一眼望去的时候感觉到，博物馆新馆的设计结合了传统的苏州建筑风格，把博物馆置于院落之间，整个建筑通高很低，白色围墙，灰色屋顶，与周边的传统建筑几乎融为一体。在苏州人看来，对这座建筑的"熟悉"消融了人们对它的"惊喜"。博物馆建筑内部功能区域的划分，强调传统文化却也不排斥现代文化。

如此融合了传统与现代、统一了个性与定制的苏博新馆，实现了贝聿铭的设计要求——"中而新，苏而新"，也意味着苏州博物馆新馆不仅是苏州本地文化的一个象征性建筑，而且加入了肯尼迪图书馆、卢浮宫院内的玻璃金字塔、美国华盛顿国家博物馆东馆、德国历史博物馆、香港中银大厦、日本美秀美术馆等贝聿铭所设计的建筑行列，可以说是进入了世界性的文化象征物之林。由此，苏州的城市形象、苏州的文化特色，随着这一建筑与世界发生关联，向世界展示自身的魅力，建立起一个国际化的、世界性的关于地方的想象。所以，苏州新博物馆建筑讲述的也是一个地方与世界的关系的故事。

以艺术实践重构工业遗存空间

　　进入后工业时代，原来位于内城的大型工业厂房逐渐外迁、闲置，工业遗存空间（包括废弃厂房、设施和弃置物品）的利用与开发便成为城市更新中不断遇到的问题。在应对这一问题的不同方法中，一个共同的取向便是以艺术实践介入并重构工业遗存空间，即通过公共艺术的转化来营造符合现代人公共交往的一个情境。可借鉴的是上海自2015年开始举办的每两年一届的城市空间艺术季，特别是2019年的城市空间艺术季，它在密集的工业遗存空间展开了大型的永久性公共艺术项目实践，将上海船厂两座巨大的船坞和具有百年历史的毛麻仓库作为主展场，在集中了防汛墙、造船厂、码头、吊车、仓库、发电厂、水厂等工业遗存的杨浦滨江南段5.5公里滨江区域，作为公共艺术项目实践的场所，永久存留了20件（组）公共艺术作品。它不是说把现成的公共艺术作品搬到那里，而是就着场地、厂房、遗址，通过改造激活现代人公共交往的空间。

　　在杨浦滨江实地考察时，我们看到来这里参观的人们有的结伴而行，边走边谈，遇到公共艺术品时，或投以一瞥，或议论一番，或跑过去触摸。一方面这里有艺术品，以尽可能小的破坏，链接过去的历史记忆；另一方面这里又有高度现代化的设施手段、非常新颖的艺术观念，这种有趣的结合，形成了很强烈的激活的力量。比如位于上海杨浦区滨江南段的绿之丘，原来是宁国路码头附近的烟草公司机修仓库，这里规划有道路穿越，原定对这座建筑进行拆除。后来设计师保留了建筑主体部分，穿行通道从房子内部通过，旁边通过景观设计将原来的废旧仓库变成非常有活力的现代空间，现在已经变成了具有浓郁工业风的网红打卡地。我觉得这方面对苏州这样一个旧址、遗址比较多的城市，是很有借鉴意义的。当然，我们也做过很多尝试。比如南门苏纶场的改造，当然它的想法很好，但缺少链接历史和现在的一个媒介的东西。我觉得公共艺术就是这样一个重要媒介，它不是说简单地放一个公共艺术作品在那里，而是要让公众参与进来。比如杨浦滨江有些艺术空间的创造就是让老百姓参与，留下自己的烙印。这种尝试可以更多出现在新的城市空间中。我们的公共艺术不能只停留在一个展示或一个雕塑上，而是要和公众之间有更加自然的连接。公共艺术在旧城改造中很重要的一个作用，就是通过艺术的方式，使这座城市更有活力，人们更愿意在这里活动、交往，

地铁一号线星湖街站文化艺术墙

展开日常的活动,从而产生生活各方面的连接,这点非常重要。

公共艺术要与公众连接

  公共艺术实践主体不是单一的,而是复合的,呈现为艺术家个体、主办单位、艺术机构、学术界的联合,还包括相关的民众个人或团体。围绕公共艺术项目的展开,不同主体之间只有在互相尊重地互动、协商、沟通与合作中,才能代表公共利益,形成理性的交往情境。这当中,尤其是主办者与艺术家的关系不是简单的甲方和乙方,更非权力和资本合谋而将艺术当工具,视公众为群盲。

  日本艺术家北川富朗最有名的一个项目,就是把东京附近的立川县从一个废墟中救活。20世纪90年代,立川县在政府主导下进行城市更新。北川富朗在立川所负责的这一开发项目,被称作"FARET立川"。他花了半年时间在欧洲大陆进行各种考察,和艺术家建立联系,邀请他们创作作品放到立

地铁一号线文化博览中心站文化艺术墙

川县。目前,立川县是单位面积里公共艺术密度最高的城市之一,这样整个城市马上就活了起来,人来人往的都市气息非常浓烈。公共艺术,一方面是公共艺术大家精心设置的作品;另一方面要使其充分生活化,排气管、排风口等都是现代城市无法避免的,但可以通过艺术化的方式做成公共艺术品,或用公共艺术品将丑陋的东西遮蔽不为人知,或被其有意思的线条、色彩、造型所吸引。北川富朗说:"它们是公共设施的附属品,是在建筑中被忽略的地方。我们用艺术赋予它们以生命,尽可能地让这些部位实现功能方面的艺术化。"虽然在立川没有建立美术馆,但城市的居民或是大楼的业主都开始出资投入公共艺术,它成为居民们喜爱的艺术。生活的区域,同时也成了工作和审美的区域。

规划是非常重要的,在做规划的时候也应该把公共艺术考虑进去。这方面我觉得苏州地铁1号线和2号线站点的艺术设计很不错,这也是公共艺术的一个方面。地铁公共文化空间其实有很多文章可做。我经过一些地铁站的时候就觉得很可惜，建筑方面构造很先进，但是空空如也，人从一段很乏味的空间走过，要么是重复的广告，这都是可以利用起来的艺术空间。我在台北坐地铁的时候，强烈感觉就是没有一处空间被浪费，到处都可以是艺术的天地。普通人也可以是艺术的参与者，比如小孩子的涂鸦，不一定是伟大的作品，但能感觉到升腾的希望。当然还可以有一些艺术活动的融合性，比如杭州地铁和网易云音乐合作的项目——"看见音乐的力量"，网易云音乐把乐评搬进了地铁，他们挑选最受欢迎的曲目，最受欢迎的点赞量最高的评论，制作出来在地铁站点展示播放，这个公众参与度就非常高。当然杭州这样做有他们的优势，所以说策划和公共空间管理者之间需要合拍。

公共艺术的定位讲求公众参与感受，特别需要面向公众的各个机构、组织、群体互相交流交往，才能真正形成一个公共艺术空间。在城市大发展的背景下，每个人漂流在其中，不免会有孤独感，而有公共艺术的场所和情境，就会让人的认同感和凝聚力得到展现和强化。商业是非常重要的方面，但不是唯一的方面。当你穿过一个公共空间，能听到评弹的声音，能听到现代音乐，能闻到传统美食，能看到赏心悦目的视觉艺术，这才是真正的城市，城市的意味就是综合。

我接触过一些艺术家，和他们聊过这样的话题：公共艺术，大众如何去接受？他们能否接受？有些艺术家说你要问大众的意见，永远也做不成。这当然有他一定的道理，但我觉得一方面公众审美需要培育，这需要在参与性的实践中去培育；另外艺术家的介入，不只是接一个活，做一个作品，而是要真正走近大众。苏州工业园区曾做过一些尝试，比如让艺术家进入社区，让孩子们一起参与设计作品，当然那是一些活动性质的。园区也有很多制作出来的已经在公共区域的作品，有些老百姓很喜欢，但有的作品在家门口可能都缺乏存在感。我带学生做过调查，确实存在这个问题。美国芝加哥有个街区环境曾经非常脏乱，两个艺术家想通过艺术来改变现状，他们策划把墙重新装饰，并让街区的居民一起来参与。艺术家通过这样一种方式，形成公众对美的接受，甚至让他们发现自己在某方面的潜能。公众的精神状态发生了改变，整个社区的状态随之也发生了改变。当然我们不存在这种极端的例子。

沙面是广州最富有欧陆风情的地方，是一个椭圆形的小岛，岛上各处散落着17组（20件）当代艺术精品，这些艺术作品主要分布在沙面大街与沙面公园，涵盖雕塑、装置以及综合艺术等多元体裁，其中不乏以沙面为灵感的艺术作品。这些公共艺术作品的设置有一个意图，就是要跟老百姓接近，比如主题是爸爸带着孩子玩游戏的雕塑，老百姓穿行其间会觉得这是生活的折射，提醒我们这就是生活的状态。在这里，艺术品和生活的连接非常紧密，作品高度基本不超过人身，可以平视，这点显然是有整体考量的。我们对公众的态度问题上，通常提起艺术，好像离公众比较远，当然现在大家认同，艺术本身跟生活相关，且无处不跟生活相关联。在这种情况下，艺术家的创作和公众的接受度这种连接的渠道，是我们城市更新中可以考虑的。比如公共空间的艺术作品，要让更多的人愿意跟这些作品发生关联，这是形成一个城市精神面貌的非常重要的东西，可能不是立马能看到效果，但我觉得所谓的底蕴，不是我们读了多少古书，而是这种艺术熏陶无处不在。当然，真正特立独行的艺术家的作品进入公众生活中，让公众了解、接受，也是需要培育的。我觉得我们的公共文化机构就承担着这样的任务，培育人民的审美性和艺术性。

现在，随着数字化时代的到来，数字新媒介技术广为运用，并迅速系统、全面地渗入城市管理体系和日常生活，城市成为高度数字化的环境，城市感知自然也浸润其中。我觉得未来苏州可以多一些类似苏州声音艺术展这样开放性的艺术实践，呼唤更多城市主体的参与，并且在参与中形成如斯科特·麦夸尔所说的"利用数字媒介创造'成为公共'新体验的可能性：这种新的体验在数字网络、具身行动者与城市空间的交集上涌现出来"。因为艺术之所以能够作为城市感知的界面，根本还在于城市公众的参与——只有当人开启、触摸、通过它，它才成为"界面"。

我们应该永葆敬畏之心，最大程度保护好城市的历史记忆和文化特色。同时也应该意识到，不仅要保护，更要谋求活化发展。还应该积极导入活力元素，着眼于文化传承与古城复兴，切实把文化优势转化为发展优势，前不负先人所传，后不负来者所期。

匠韵古今

活化利用让工业遗产焕发新光彩

活化利用让工业遗产焕发新光彩

2003年,国际工业遗产保护联合会通过的《下塔吉尔宪章》提出,工业遗产是指工业文明的遗存,它们具有历史的、科技的、社会的、建筑的或科学的价值。该宪章的通过被视为"工业遗产保护的标志性事件",提升了世界范围内对工业遗产的关注度。苏州是国家首批历史文化名城,其中世界文化遗产"苏州古典园林"为世人所熟知,但不容忽视的是苏州也是中国近现代工业发达的重要地区,其工业文明对苏州经济社会和城市形态都有巨大影响。苏州工业遗产不仅记录了工业化进程不同阶段的重要信息,而且承载了行业和城市的历史记忆和文化积淀。

苏州高度重视对工业遗产的保护与利用,历版名城保护规划都包含了对工业遗产保护的相关内容,对遗产保护与利用起到了积极的作用。以"应保尽保""原真性"为理念,不断扩大保护范围和保护对象,建立了历史建筑体系,将民国建筑、工业遗产等具有历史文化价值和建筑艺术价值的建筑物纳入保护范畴。政策环境持续优化,制度政策不断完善,2009年出台了《关于支持老城区文化创意产业发展用地的若干意见》,对老城区暂不具备开发建设条件的老工业厂房、仓储用房等存量资源,在不改变房屋主体结构和工业用地性质的前提下,允许产权人将工业厂房出租用于发展文化创意产业,并允许建设必需的配套服务设施和整合部分建筑;2017年制定并实施《关于促进苏州工业旅游品质提升的指导意见》,突出强调将苏州工业旅游区点打造成"可学、可娱、可购、可闲"的特色旅游产品,在购物面积、服务质量、产品丰度、品质内涵等方面做了明确要求,全面开启苏州工业发展新模式;2021年出台《江苏苏州文物建筑国家文物保护利用示范区创建实施方案》,提出发展"以文兴业"丝绸工业遗产保护利用项目。

苏州工业遗产资源众多,按照中国工业遗产惯用的分类方式来看,形成阶段可划分为四个时期,一是古代手工业时期;二是清末洋务运动和民国民

苏州第一丝厂内的日本领事馆旧址：保留历史感，融入现代感

族工业时期；三是新中国成立后至20世纪60年代；四是从20世纪60年代中期到80年代初期。苏州工业遗产的利用，注重与城市转型发展相结合，强调生态保护、整体保护、周边保护，与自然人文和谐共生，并在保护中不断探索工业遗产活化利用新路径，积极发掘其经济、社会和文化价值，通过保护性开发和功能再造，保留历史感，融入现代感，让工业遗产焕发新生。众多工业遗产正在华丽转身，为苏州城市发展添新景，也越来越与当代生活完美契合。

手工业遗址的再利用

工业遗产是人类历史文化遗产的重要组成部分，承载着在厚重历史中穿越时空的独特文化个性。苏州古代手工业时期的工业遗产始建年代可追溯到明代，这些遗迹彰显了传统文化和建筑融合的独特价值，宛如璀璨的星光，闪耀在悠久的历史长河中。

苏州织造署:"江南三织造"之一

建筑年代最为久远的,当属马大箓巷12号太平天国军械所遗址,其本为邱氏宅第"慎修堂",建于明代,清咸丰十年(1860),曾被太平军征为军械修造工场,新中国成立后曾出土过石炮弹、圆形铁地雷、锯断的铁炮、太平军军刀等兵器。20世纪90年代末,太平天国军械所遗址修葺一新作为书场开张,也就是老苏州们耳熟能详的苏州和平里书场。在和平里书场里泡一壶清茶、听一曲评弹,是众多老苏州消愁解闷的"独家良药"。从1999年首场亮相到2019年暂停演出,二十年间,和平里书场保持每半个月换一档书,培养了一批铁杆听众,也见证了苏州评弹艺术的发展。

苏州相当一部分工业遗产建于清代。较为有名的，当属位于带城桥下塘18号的苏州织造署旧址。织造署是专门为皇帝采办各种丝绸制品的机构，苏州织造署属于"江南三织造"之一，于清顺治四年（1647）在明代停废的织造局基础上重建。据史料记载，苏州织造署规模宏敞，厅堂、廊宇、园池、机房、吏舍齐备，旧址内现存的头门、仪门等建筑均为清朝同治时所重建，头门为硬山式，面阔三间13.4米，进深6.4米，脊柱间安将军门3座，6扇门扉及门簪、下槛、抱鼓石等尚存。苏州织造署旧址是"江南三织造"中现存遗迹最多的一处，旧址还保存有清顺治《织造经制记》及乾隆、同治重修记等碑刻5方，包括南巡行宫遗址在内。值得一提的是，康熙六次南巡江南，在苏州均宿于织造府行宫，而乾隆六次下江南五次宿于织造署。《红楼梦》作者曹雪芹的祖父曹寅和舅祖李煦都曾任苏州织造，尤其是李煦任职长达三十年之久。苏州织造署旧址在辛亥革命以后曾办了振华女中，新中国成立后改名为江苏师范学院附属中学。现在这里是苏州市第十中学校址，一所中学内竟然有全国重点文物保护单位，放眼全国也是罕见的。

被沉淀的民族工业变迁史

苏州是我国近代民族工业起步较早的城市之一，从洋务运动到实业救国，在一个多世纪的近现代工业发展中留下了一批有价值的工业遗产。虽然一些产业不可避免地面临关停、搬迁，但那些工业遗产、历史记忆却依然有其特殊的价值。这些工业遗产见证了苏州当时工业的先进水平，也有着较高的史学研究价值。

在苏州近代史和城市发展史上，纺织业在苏州经济发展中具有举足轻重的地位，其中较有代表性的，当属位于南门路94号的苏州第一丝厂。1895年清政府签订了《马关条约》后，苏州被辟为通商口岸，1925年，由日资在华经营的第一家缫丝厂——瑞丰丝厂建成并投产；1938年，改称华中蚕丝公司苏州丝厂；1946年2月，改名为中国蚕丝公司苏州第一实验丝厂；1949年苏州解放，改属地方政府管理，定名为苏州第一丝厂，以后一直沿用至今。改革开放后，面对民营企业的竞争压力，一丝厂及时调整发展方向，成为行业内开发工业旅游的"领头羊"。2005年，苏州第一丝厂被国家旅游局命名为

鸿生火柴厂旧址：工业艺术与历史文化相依

"全国工业旅游示范点"，成为向国内外展现苏州丝绸文化的窗口。随着废旧老厂区、老厂房、老设施等工业遗产逐渐转化为文旅项目，退役的丝织机也演变成一种符号，承载着一代人工作、生活的回忆，寄托着浓浓的怀旧情结。目前一丝厂内还保留着不少百年老建筑，如当年日方所建的厂房、蚕茧仓库等。厂内还留有苏州日本领事馆遗存，一幢民国时期最为常见的砖混结构二层西式楼房，这些建筑定格了历史，具有极高的文化价值。

工业艺术与历史文化相依，工业记忆与城市发展相融，位于苏州姑苏区胥门外新市桥码头附近的鸿生火柴厂旧址就是这样一种承载民族工业变迁时代记忆的存在。鸿生火柴厂是有着"火柴大王"之称的刘鸿生所创办的，当时全厂拥有各式设备40余台，职工1700多名，每天能生产40多箱火柴。依靠刘鸿生的悟性和经营才华，鸿生火柴厂凭借产品价廉物美，有力地抗衡了外国火柴对于中国市场的垄断。鸿生火柴厂生产的以苏州北寺塔为商标的宝

尚志堂吴宅：将工业遗产变为历史文化旅游资源

塔牌火柴是当年市场上的名牌产品，现存的火花在如今的收藏市场上具有较高的价值。1992年，苏州鸿生火柴厂完成了自己的历史使命，退出历史舞台。当时一幢办公楼房被完好地保留下来，该楼房是二层西式建筑，呈东西向，占地面积约350平方米，面阔七间，青瓦坡顶，外墙青红砖混砌，东、西立面二层均有百叶窗户、券柱装饰。此处建筑前后被改建为饭店、酒吧，现在成为苏州环古城风光带一景，也是一处原汁原味的民国风打卡地。

焕然一新的苏式工厂

由于历史的原因，苏州很多手工业工厂由民居改建，还有很多工厂租用园林进行生产，这类带有浓重苏式印记的民居工厂、园林工厂，是特定时期的历史见证。独特的文化个性赋予了这些苏式工厂别样的审美价值和艺术品位，为后续将工业遗产变为历史文化旅游资源提供了可能。

苏州刺绣研究所：工业遗产和文物古迹资源相融合

　　较为典型的民居工厂，当属位于西北街 58 号尚志堂吴宅内的苏州檀香扇厂旧址。尚志堂吴宅为清代乾隆年间建造，东临拙政园、狮子林，西靠北寺塔，坐北朝南，三路四进，整个宅院共 5000 多平方米，花园面积有 1000 多平方米，1957 年被苏州檀香扇厂租用作为厂房使用。檀香扇厂的前身为 1955 年由 43 人发起成立的苏州市檀香扇生产合作社，1985 年已发展成为全国的制扇翘楚，是当时我国同行业中品类最丰富、规模最大的专业制扇工厂，特色产品如意牌檀香扇不仅畅销国内，且远销东亚、东南亚国家和欧美国家。2002 年 8 月，檀香扇厂进行改制调整，在吴宅内经营了几十年的厂房和门市部全部搬迁，腾出的空间用于筹建苏州工艺美术博物馆。2003 年，博物馆落成并正式向公众开放，馆内收藏有苏州近代的刺绣、檀香扇、缂丝、琢玉、木雕、石雕、剧装、桃花坞木刻年画、明式家具、民族乐器、仿古铜器、雕漆、金属工艺品及文房四宝等十余类近千件工艺美术精品和珍品。无论是展馆环境、展馆面积，还是馆藏品种和数量，苏州工艺美术博物馆均居全国工艺美术类专业博物馆之首，当下已然成为了解苏州文化的重要窗口和旅游打卡目的地。

将工业遗产和文物古迹资源相融合，开发集古迹观光旅游和传统工艺展示于一体的旅游产品，是苏州园林工厂改建的重要方式，如位于景德路262号环秀山庄内的原苏州刺绣研究所。环秀山庄是联合国教科文组织评选出的世界文化遗产，整体布局以假山为主，水池为辅，山水相依；以假山堆叠奇巧著称，被誉称"苏州三绝"之一，又被誉为"独步征轲"。1954年3月，苏州刺绣研究所的前身苏州市文联民间艺术研究组刺绣生产小组在环秀山庄成立。1955年，改名为苏州刺绣工艺美术生产合作社。1958年，又与苏州工艺美术研究室合并。1960年，正式成立苏州刺绣研究所，下设创作设计室、针法研究室、情报资料室和刺绣、缂丝、装裱实验工场等部门。2001年，研究所改制后，设立苏州刺绣研究所有限公司，面向市场经营。依托环秀山庄得天独厚的位置优势和资源优势，结合园林风光游，研究所开发了以刺绣工艺品生产展示为主题的工业旅游项目。2005年，苏州刺绣研究所被列为"全国工业旅游示范点"，成为苏州城市文化和苏绣文化的金色名片。

蝶变中的老旧厂区

城市发展是一个循序渐进的过程，工业遗产的华丽转身，正是这一演进过程的生动见证，"二产变三产，黑色变彩色"已成为发展潮流。

将遗留下的工业遗产有效用好，满足广大人民群众日益增长的文化需求，是苏州改造工业遗产的主要理念，最为典型的，当属位于苏州人民路239号的苏纶纱厂。苏纶纱厂筹建于1895年的清光绪年间，是清末官办企业，建成投产后，它拥有千名工人，年产万余件粗纱。在民族实业家接手以后，更是持续地壮大发展，成了闻名全国的民族企业，在中国近代工业史上写下辉煌的一页。苏州解放以后，苏纶纱厂跟随时代前行的步伐，滚滚向前，逐步发展成为苏州工业巨子和新中国成立后规模最大、人数最多的市属企业。20世纪90年代，苏纶厂逐渐走向没落；2005年，正式宣告破产，之后在原址改建为城市休闲综合体——苏纶场。从前的民生实业到现在的繁华集市，中国最早

金浦·视界1956文创产业园：保留老灵魂，增添新元素

的民族资本企业苏纶纱厂已华丽变身为民国风情商业中心，原纱厂有代表性的老建筑通过修旧如旧的原则，得以很好的保留和利用。苏纶场融合民国工业文明和苏式生活典范，打造了"不夜苏纶场"品牌夜市，围绕"记忆、美食、社交、潮玩"四大方向，推出了"忆百年时光""逛古城烟火""品江南文化""赏光影苏秀"四块功能区，成为苏州新的休闲娱乐打卡地，还登上了央视"消费新主张"栏目，获众多国家级媒体大力推荐。

  工业遗产特有的厂房外观、高大的空间结构以及铁锈斑斑的沧桑感，蕴含着独特的工业美学和复古格调，使工业遗产与文化创意高度契合，因而文创空间成为苏州工业遗产转型的主导方向。以老旧厂房改造为契机，带动城市更新，打造一批品质高端、业态多元的新兴产业空间和消费集聚区是苏州改造工业遗产的主要方式，如原苏州第二药厂改建为姑苏69阁，原苏州长城电器集团改建为桃花坞创意产业园，原苏州金塔电子厂改建为蓝·芳华文化创意园等等。而要说最新改建且具有代表性的，当属位于姑苏区大儒巷34号的苏州医疗器械总厂原址。苏州医疗器械总厂始建于1956年，是国内定点生产眼科医疗器械的专业工厂。2021年1月，响应古城区"退二进三"的号召，苏州医疗器械总厂搬迁至高新区科技城。苏州医疗器械总厂原址占地13亩，

苏纶场：工业遗产与文化创意高度契合

毗邻平江历史文化街区、观前街，历史、人文、园林、旅游资源相邻环绕。现留有原厂房7幢，建筑面积约为2.3万平方米，建筑年代从20世纪50年代到21世纪初，尤其建于20世纪50年代的厂房是典型的苏联风格建筑，内部维度、空间与结构有着现代建筑难以复制的美学形态，具有鲜明的时代特征。2022年，该处工业遗产被改造为"金浦·视界1956文创产业园"。将原址所有结构安全的建筑尽可能地完整保留下来，尊重并充分保留老建筑的灵魂，同时也增添新的元素，将科技、文化、生活与潮流注入其中，为老厂房带来新的生命。未来产业园将以数字文化产业、科技+艺术展示等业态为主，打造成综合文创集聚区，并规划建造还原20世纪五六十年代风情的文化街区，苏州也将增添一处新的文化地标。

道阻且长，行则将至。未来是什么模样？对于苏州众多工业遗产来说，既在蓝图上，也在奋斗中。通过激活老旧厂房的文化价值，延续城市文脉，工业遗产重新讲述着新时代的苏州故事。然而，当下虽然不少老工业遗产"活"起来了，但要让其"火"下去，还有很多功课要做。工业遗产是一座座"富矿"，也能变成"金山银山"，它们不仅属于当代，更属于未来，让它们持续地造福后人，意义深远。

用心守护让古建老宅"活出"精彩

苏州是全国首批历史文化名城之一，苏州城始建于公元前514年，距今已有2500多年历史，历史悠久、遗存丰富，古建老宅数量众多。正如冯骥才先生所说："我们每一代人的责任，都是要把历史的光华呵护好，高高擎起，并完好地交给后人。"如何活化保护、古为今用，让古建老宅充分发挥其价值，是苏州面临的新课题。

如今，古宅、古街、古桥、古园，静守着岁月。从历史的长河看，古建老宅是一种特定文化历史发展的有形见证，其所包含的历代变迁、整体布局、传统建筑及设施等资源不可再生，弥足珍贵；而从时代动态发展来看，随着现代化水平的提升和科技水平的不断发展，古建老宅正在利用自身优势，通过规划、修复、引入新业态等手段，焕发新的活力，这种"再生性"值得肯定与鼓励。

苏州在古建老宅的保护与活化利用上下了"先手棋"。1982年，苏州按街巷对古建筑进行调查，1983年公布的调查结果显示，苏州市区尚存各类古建筑面积为312万平方米，两宋以来历朝都有，尤其以明末至清代最多，除部分古建筑被列为文物保护单位外，有252处古建筑被列为控保建筑。苏州市政府高度重视古建老宅保护，2002年，出台全国首部地方性古建筑保护法规《苏州市古建筑保护条例》，并于2003年1月1日起实施，加强了古建筑保护利用顶层设计。继2012年出台《苏州市区古建老宅保护修缮工程实施意见》之后，又于2020年出台《苏州市传统建筑和古建保护更新与修缮利用工程实施意见》。2021年，《苏州市历史建筑保护利用管理办法》正式印发，针对历史建筑认定、保护和管理进行明确规定，有效促进历史建筑的活化利用。在不断实践中，苏州走出了一条颇具特色的古建老宅的保护、传承与活化利用之路。

潘祖荫故居：让古建老宅留形、留神、留人

"一宅一策"探索新路径

古建筑是传统文化的载体，苏州拥有大量的控保文保建筑和传统民居，但由于房屋年代久远，保护修缮特别是活化利用面临不少堵点。一些老宅外露的水管、密集的电线影响了整体风貌，同时存在着消防及结构等方面的安全隐患，让人难以领略古建筑的风采，更无法充分发掘其文化价值。为了充分挖潜古建老宅的价值，苏州在保护中向来秉持"见人、见物、见生活"的理念，让古建老宅留形、留神、留人。

古建老宅作为古城记忆，既要"修旧如旧"，又要有活化利用的基础，施工图审查是个重要环节。苏州在全国范围内首先对古建老宅采取"一宅一方案"的施工图审查方式，针对古建筑的修缮，以专家咨询会的方式开展施工审查。很多老建筑因为年代久远没有完整图纸，就通过实地踏勘复原出建

"一宅一策"探索新路径

修旧如旧,重焕新生

筑图纸,并在修缮、加固基础上,让古建老宅修旧如旧、重焕新生,既保留原有的历史建筑风貌,又为活化利用确保了建筑的安全性和功能性。

苏州充分运用匠人匠心,在古建老宅修缮保护中注重实地勘察、因地制宜。悬桥巷47号、47—1号为清末民初名医方嘉谟故居原址,此处有个封闭的内天井,对建筑的整体消防疏散有很大的影响。有关部门会同专家经过实地勘察后,在不改变历史性原则的前提下,决定将原花窗改为门洞。通过改造,既满足了走廊的自然排烟要求,又满足了人员的疏散距离要求,同时还能作为防火隔离带,确保了建筑的消防安全。

同样位于悬桥巷的钱伯煊故居为苏州市文物保护单位,钱宅建筑两路六进,坐北朝南,原来均为传统抬梁、穿斗结合的立贴式传统木结构民居,是典型的明清江南民居建筑,具有较大的历史价值。但钱宅经历了多次改建、

古色古香

搭建，已变为传统木结构、砖混结构、砖木混合结构并存的建筑，原有木构件局部损伤严重，整体建筑风貌严重残缺，安全性严重不足。经研究，对钱宅故居文物本体的修缮设计按照原有建筑形制，保留原立贴式木结构，对后期改造、室内改建搭建的部分混凝土、砖混及搭建隔墙进行拆除，使其恢复原有格局。

潘祖荫故居是近十年来苏州完整修复的规模最大的一处古建，曾获得"全国优秀工程勘察设计奖传统建筑二等奖""江苏省城乡建设系统优秀勘察设计一等奖"等荣誉。潘祖荫故居位于姑苏区南石子街5—10号，现为苏州市控制保护建筑，占地面积约4000平方米。潘祖荫故居南邻南石子街，北接尚堂弄，三路五进，中路各进皆为楼屋，厢房走廊连通为走马楼式，其间庭院宽大，为苏州大型住宅中的特例。新中国成立后，潘祖荫故居东路和中路后

任道镕故居：鼓励社会资本参与保护利用

半部曾经先后用作床单厂及其招待所,剩余部分用作民居。2011年底,苏州市政府启动了首批古建老宅保护修缮工程,潘祖荫故居被列入首批12个试点之一。2012年,由姑苏区政府组织居民腾迁和安置工作,历时7个月共腾迁和安置居民53户,随后进行修缮与利用,恢复了其古色古香的面貌,同时增加消防池等防火设施,还规划了文化展示、餐饮、住宿及配套服务四个功能区,打造成为探花府·苏州文旅花间堂精品酒店。

苏州对古建老宅坚持"修旧如旧",用绣花针般的精细化管理保留传统的肌理和历史风貌,不断探索活化利用新路径,古城复兴之路将越走越宽。

鼓励社会资本参与保护利用

古建老宅复杂的产权关系成了活化利用的现实难题。苏州以"只求所在,不求所有"为原则,将部分老宅推入市场,让其变为集体资产或者私有财产,以提高社会各界的参与意愿,鼓励社会资本介入。按照"谁使用谁保护"的原则,把修复好的古建老宅的日常维护工作转给使用者和所有者,再由相关职能部门实施监督。在这条路径的指引下,马医科29号绣园、王洗马巷7号任道镕故居、马大箓巷26号顾宅、马大箓巷37号师俭堂、新建巷29号吴宅、南显子巷5号韩宅等老宅的保护与活化利用就是生动的例子。

位于苏州吴中区东山镇陆巷古村内的怀古堂历史久远,权属几经流转。原主人是明代宰相王鏊,生于1450年,1524年去世,人称震泽先生,著有《姑苏志》《震泽集》《震泽长语》。他曾被明代四大才子之一的唐伯虎称赞为"海内文章第一,山中宰相无双"。在新中国成立后,怀古堂成了粮管所,用于收购粮食。20世纪90年代初,粮管所不复存在,怀古堂被卖给了当地一户村民。后来,怀古堂又被卖给了一位企业经营者,此人购买后对怀古堂进行了一番修缮,并租给陆巷古村景区,作为陆巷古村景区的一个小景点,景区根据游客数量与所有者对门票收入进行分成,此后怀古堂的修缮也一直归景区负责。

任道镕故居坐落在王洗马巷7号,为砖木结构建筑,原为三路四进,现存中路四进和东路花园。清光绪年间,山东河道总督任道镕辞官回乡暂居,民国初年被富商万氏购得,因此也被称为万氏花园。苏州解放后,任道镕故居先后作为布厂、染织厂、养老院使用。2003年开始,苏州市公房管理部门对该

粒园

怀古堂:"不求所有,但求所在"

处的59家承租户、2家单位进行了搬迁，并对古宅进行了保护性修复。2014年，任道镕旧居产权办理到出资社会力量名下。修复后的任道镕故居在维持现有格局不变的前提下，主要作为居住空间使用，根据文物保护相关法律法规中"谁使用谁负责"的原则，维修保养费用也由使用者承担。2015年，任道镕旧居被列入第一批苏州园林名录；2019年，升格为江苏省文物保护单位。

怀古堂、任道镕故居正是苏州对古建老宅"不求所有，但求所在"的鲜活映射。为解决古建筑保护难题，引入社会力量，苏州出台《苏州市古建筑抢修保护实施细则》等文件，允许和鼓励个人购买或租用控保建筑，实行产权多元化、抢修保护社会化、运作市场化。正是这些政策文件为苏州控保建筑拍卖提供了依据，使得古建筑走上了市场。而对于购买之后的使用，根据相关规定，古建筑想要修缮，无须提交材料审批，但如果要改变结构和外观，必须由相关职能部门进行审批。通过一系列举措，苏州在保证古建老宅建筑完整性的基础上，盘活社会资源，实现老宅增值，达到经济效益与社会效益的统一。

导入新业态重焕新生

如何让古建老宅充分发挥其价值？仅仅保护修缮是不够的，还需要活化利用，让静默在岁月中的古建筑变得生动可爱，走进人们的生活中，走向焕发生机的前景中。

顾廷龙故居通过招商将老宅租赁给公司办公、经营，来实现活化利用。顾廷龙故居地处苏州市十梓街116号，原为晚清署江苏按察使、布政使朱之榛旧宅，民国四年（1915）为顾廷龙之祖父顾祖庆购得。顾廷龙故居完好保留着清代"四朝元老"潘世恩题写的砖雕门楼，作为市级控保建筑，2020年被列为"江南文化"品牌塑造三年行动计划重点项目。顾廷龙故居目前租赁给一家文化企业，企业利用自身的行业优势，打造了一个集美术馆、艺术众创空间为一体的全新艺术基地，通过艺术展览、讲座、研讨会、产业孵化基地、顾氏陈列馆等方式将老宅活化。

吴古庭故居则是尝试将总部经济引入古建老宅，以姑苏千年文脉赋能当代企业发展。吴古庭故居位于姑苏区建新巷29号，是苏州市控制保护建筑，占地面积约1150平方米，建筑面积约900平方米。目前吴宅修缮保护项目已

中张家巷29号:让古建老宅"活"出新的精彩

经开工,修缮完成后将作为设计企业总部使用。将总部经济引入古建老宅,是传统与现代经济形态的一次碰撞,能够让沉睡遗产变成鲜活资产,以古建老宅为载体吸引文化创意企业总部入驻,助力苏州总部经济发展。

  位于山塘街的玉涵堂则主打文化牌,给游客一种"不到园林,怎知春色如许"般的沉浸式体验。玉涵堂是明代大学士吴一鹏的故居,总面积约5000平方米,是苏州城外体量最大、保存最为完整的明朝民居建筑。玉涵堂的结构属于四路五进,目前通过活化利用,西一路为苏州生肖邮票博物馆,西二

路为姑苏区运河文化展示馆,中路为国涵堂中医药展示馆,东路则是演艺项目浮生集的场地。浮生集是昆曲《浮生六记》IP的首个线下主题空间,把非遗昆曲引入古建老宅,能够吸引更多人来关注传统文化,也赋予了古宅新的活力。目前浮生集吸引了不少年轻人过来喝茶打卡、观看演出,未来还会加入更多新形态,包括知识分享、服务设计共创等。

古建筑群的活化利用能够发挥集聚效应,探索打造文化商业空间,一站式满足游客参观、购物等需求。金城新村位于五卅路,原来是金城银行20世纪30年代中期造的职工住宅群,1991年被列为苏州市文物保护单位,占地面积1.22万平方米,建筑面积6400平方米。金城新村保护修缮及改造更新工程是五卅路子城片区先行启动区域,其中包含10栋文物建筑、6栋非文物建筑,活化利用的业态布局拟为文化展览、创意设计、精品集合店、商业服务空间等。除此以外,位于金城新村内部的上海战役指挥机关旧址布展工程,将进一步加强革命文物保护利用,打造苏州红色革命教育新亮点。

除了这些古建老宅外,中张家巷29号、丁宅(大儒巷54号)、建新巷30号等老宅现下经过修缮,已然焕发新生,变为书店、精品酒店、展览馆等,成为古建老宅活化利用的样板。以古建老宅的活化利用,有效撬动区域经济发展,让古建老宅"活"出新的精彩。

未来,苏州古建老宅的保护与更新仍有很长一段路要走,我们应该永葆敬畏之心,古建老宅中的一草一木、一砖一瓦都珍藏着历史、传承着记忆,要尽量保持建筑的原真性、空间的连续性,最大程度保护好它们的历史记忆和文化特色。同时也应该意识到,古建老宅不仅要保护,更要谋求活化发展。还应该积极导入活力元素,着眼于文化传承与古城复兴,切实把文化优势转化为发展优势,前不负先人所传,后不负来者所期。

姑苏69阁：让低效空间"长出"更多效益

创新空间引领城市品质提升

创新，既可分为理论创新、制度创新、模式创新、流程创新、技术创新、服务创新等，亦可分为科技创新、文化创新、商业创新等。城市创新空间作为创新的载体，从狭义上来看，主要包括直接参与知识经济产业化的空间实体，是直接服务科研、文创、高技术应用等多种同步进行的创新活动的物质空间。从广义上来看，除上述范畴外还包括与创新活动密切关联的居住、教育、展示、公共服务等城市空间支撑要素。国际创新环境与全球化的城市竞争，要求城市更新不断挖掘城市区位优势与文化优势，打造具有高品质生活、生产、生态的人居环境。城市创新空间通过引入与吸纳新的创新元素或实现要素的新组合，激发创新行为与产业进步，进而推动城市高质量发展。

苏州作为长三角区域枢纽中心城市和上海大都市圈的综合性全球城市，为应对数字经济时代科学技术不断突破、生产与生活方式改变、创新经济与城市生产空间不匹配等新局面，正大力推进城市更新与创新空间协同发展，创新街区正成为城市存量空间实现创新发展的重要实践探索。在这些实践探索中，既有通过存量空间转型等方式，重塑新的产业功能和城市形态的创新型产业园区，也有立足产业基础，引进大院大所等创新源，形成创新创业机构和企业集聚的创新城区。这些实践都将为苏州加快融入产业科技创新中心建设提供动力。

让低效空间"长出"更多效益

"抓创新就是抓发展，谋创新就是谋未来。"面向未来的科技产业是城市发展的源头活水和动力引擎。苏州高度重视产业科技创新工作，明确提出打造"数字经济时代产业创新集群"，营造创新生态，促进产业链和创新链精准对接。将创新发展与城市更新等工作有机结合起来，推进低效空间盘活，有效促进新业态导入，积极拓展产业发展新空间。

苏州科技城：加快集聚高端创新要素

在市级层面，着力推进产业用地更新"双百"行动，即划定100万亩工业和生产性研发用地保障线，实现100平方公里产业用地更新，充分利用存量建设用地规模大、存量工业用地潜力深厚等基础条件，加强政府回购和企业自主更新双向引导，实现低效用地的有序退出、高效盘活，变"项目等土地"为"土地等项目"，提高对优质项目落地的承载力，为全市产业高质量发展提供有力用地保障。空间腾退出来之后，加大新型产业用地（M0）、科创产业用地（Ma）、新兴产业用地供给，有效推进了创新空间的规模化和精细化发展。

姑苏区聚焦科技创意、特色商贸、文化旅游，推动"文化+"融合发展，发布了《"数字赋能 文化强区"姑苏区加快推进文化产业转型升级三年行动计划（2021—2023年）》，推动一批特色产业园"退二进三"转型升级发展，为区域发展注入智力来源；高新区以苏州科技城为主阵地，加快集聚高端创新要素，大力引进量子计算与量子探测前沿科学实验室、江苏省集成电路先进制程工程技术联合实验室等创新平台，围绕先导产业，优化构建产业生态

体系，不断优化人才工作、生活环境，提升城市品质，全力打造科技创新和生态人文融合新样板；相城区聚焦智能车联网，加快营造优质产业生态，不仅在政策、资金、基础设施建设上扶持，还通过平台载体搭建、品牌活动打造等为产业发展赋能；苏州工业园区启动专业产业园更新行动，联合园区国资公司，重点围绕智能制造、医疗器械、第三代半导体、高端精密制造等新兴产业领域，加快推进产业园更新，将产业用地更新与未来产业发展紧密结合。

让创新空间注入更多创意

苏州通过功能调整、改造再利用，植入多元业态，形成了文化开放、多元客群的创新空间，尤其是通过文化创意的注入，为创新型经济注入了新的活力。苏州蓝文化创意产业园、苏州金浦九号文化产业园等被省文化和旅游厅命名为江苏省文化产业示范园区，元和塘文化产业园区入选国家级文化产业示范园区。

整合文化资源，融入现代元素，讲好工业遗产新故事。在践行古城保护、

蓝·SPORT文化创意产业园：创新管理理念，强化服务支撑，赋能产业转型升级

探索转型升级的过程中，不少老旧厂房作为早期苏州工业发展的历史遗存，成为展现本地工业文化的重要窗口，也是延续城市文脉、拓展城市文化发展空间的重要载体。以姑苏69阁文化创意产业园为例，充分尊重原苏州第二制药厂建筑肌理和风貌，基本保留原有钢罐塔楼、loft红楼等大大小小69栋建筑，将文化、艺术、休闲、娱乐有机结合，融合胥江风情与后工业化建筑特点，完善服务配套设施，改建成为各类商务办公及创意创新空间。

加强品牌运营，培育特色化、生态化创意产业园体系。丰富的文化资源如何转化为IP，转化为留存城市记忆的落地产品，是创意产业园建设运营的重要课题。如苏州"蓝"系列产业园，以"文化+"为产业定位，打造了影视主题和数字文化的蓝·芳华文化创意园和聚焦运动主题的蓝·SPORT 文化创意产业园。苏州工业园区金浦九号文化产业园自 2018 年 5 月正式开园以来，依托龙头企业金螳螂等引进百余家创意产业入驻，逐步打造成为以数字文化、创意设计、数字智能家居以及创新材料四大业态为主的文化产业园，苏州设计小镇形成品牌。

创新管理理念，强化服务支撑，赋能产业转型升级。运营服务是创意园区核心竞争力的体现，好的运营服务不仅可以帮助入园企业成长，还能够为园区带来收益，从而保证园区可持续发展。许多园区在房租经济的基础上，通过完善公共配套服务设施功能，以及个性化服务和投资等增值方式，为园区增收及为入驻企业成长寻求更多渠道。致力于文化创意产业园区建设的安和锦从姑苏 IP 创意产业园开始实践探索，通过社区、产业园、志愿者三者资源链接、服务共享、一体发展，落地香花桥社区党群服务中心，打造志愿者服务品牌"时间银行"；还针对不同产业发展需求，着力构建园内企业产业微链，打造一站式服务平台和点单式服务清单，用代办帮办让入驻企业省心。

构建"创－产－城"创新生态系统

以高校、大院大所及科技园区为核心，较易形成区域创新极核，从而带动更大范围的辐射和集聚，促进创新企业孵化和创新资源集聚，构建"创－产－城"的创新生态系统，为城市带来持续增长的创新型经济。苏州科技城、高铁新城等区域正遵循"城兴人，人兴业"的创新驱动的城市发展逻辑，打造以高端创新要素为引领，新经济、新产业快速发展的"创－产－城"融合发展创新城区。

苏州科技城发挥中科院苏州医工所、东南大学苏州医疗器械研究院等大院大所创新资源集聚优势，充分链接产业发展，以江苏医疗器械科技产业园为平台，汇集国内外医疗器械创新型企业和行业龙头。同时，该区域还加速推进高品质人才社区建设，人才机制不断健全，生活配套持续完善，人才发展空间不断拓展。截至 2022 年底，苏州科技城累计集聚海内外各类高层次和专业人才 2 万余人，引进和获批各级领军人才超 1000 人次。在生活配套方面，花园天地、恒泰、首开商业、龙之梦大酒店等一批商业综合体项目正加快落实，更好满足了创新创业人才多样化、多层次的发展需求。

高铁新城：坚持数字赋能

苏州高铁新城坚持数字赋能，综合运用5G、大数据、物联网等前沿技术，积极探索智能网联汽车、先进材料、数字金融产业创新集群建设，打造空间紧凑、交通通达、创新集聚、生活便利的创新创业城区。以车联网产业为例，该产业是相城发展数字经济的重要赛道，也是相城正在打造的三大标杆产业创新集群之一。截至2022年底，依托清华大学苏州汽车研究院已实现60多项具有引领性和示范效应的科技成果的产业化，成功孵化了100多家高科技企业。发布清华-苏州智能网联汽车人才公共服务平台，促进智能网联汽车人才集聚。目前，相城长达300公里的高级别智能网联道路已在加紧建设，还将积极探索开展全域自动驾驶场景建设，打造自动驾驶场景城市。

构建功能多维型创新社区

随着经济发展水平的提升以及产业经济形态不断升级，科技创新也逐渐从"生产导向"转向"生活导向"。为促进产业转型与资源再开发，苏州在产业园区功能布局中强调工作、休闲、居住为一体，在建筑竖向功能上突出功能高度复合，着力推动科创功能与城市功能的空间融合。

探索推进新型产业用地招商，拓宽产业空间。姑苏区金阊新城挂牌出让了苏州市区首块M0用地，规划建设联东U谷数字科技产业园，以数字科技为主题，重点围绕电子信息、工业物联、数字医疗及智能制造等新兴战略产业，打造功能复合、集约高效、具有重要区域影响力的特色产业载体。M0用地是工业用地（M类）中增加的新型产业用地，是集合了研发、创意、设计等无污染新型产业功能及配套服务的用地。该用地类型容积率比传统用地高，可以大大提高单位面积的土地利用效率。

鼓励推进土地混合利用，提升空间使用效率。在产业园区更新过程中，根据空间特点提高原有建筑研发办公、产业配套和生活配套用地比例，满足当下高科技研发生产企业和人才的需求，提高土地和载体的利用效率和效益。同时，在更新改造过程中，摒弃大拆大建的模式，通过对场地动线梳理、建筑空间的改造提升等更绿色更集约的改造手法，发挥原有建筑优势，赋予老厂房新的生命力，实现提质增效，植入多元化功能空间，提升园区服务品质。针对旧改区域，秉承"融新于旧、与时并进"的理念，深入研究导入产业人才对配套服务的新型多元化需求，合理配置智慧餐厅、便利超市、咖啡烘焙等品质化公共空间，推动园区功能从单一的生产性"产业"功能向多维的"产业、自然、社会、生活服务"等功能方向转变，最终实现园区与城市共生的生态系统。在运营管理方面，适当引入集约水平高、关联度大的主导产业，发挥龙头企业引导作用，实现产业园区品质提升。此外，从政策、金融、人才等多方面着手，促进中小企业联动，推动创新空间成为创新社区、创新街区、创新园区，形成多方共生共享共融的产业生态圈。

产业用地更新助推经济转型发展

土地作为最基本的生产要素,其利用结构和利用效率直接影响着产业的持续发展和转型升级。保障产业用地供给、提升土地利用效益对推动高质量发展作用关键、意义长远。近年来,随着产业发展进入新阶段,既有的规模红利逐渐消退。新形势下,苏州以产业用地更新"双百行动"为抓手,盘活存量、深入挖潜、优化空间,不断提升整体产业用地产出效益,为经济转型发展注入更多动力。

"增量扩张"迈入"存量提升"

城镇化进入中后期,苏州工业用地规模趋于稳定,但土地要素资源紧张,产出效益出现分化,产业用地城市更新的需求日益显现,必须向存量土地要空间、向存量土地要效益,盘活低效产业用地,促进产业集聚发展、布局集中优化、资源高效配置。

苏州工业用地规模趋于稳定。土地供应是苏州经济发展面临的最为关键的制约因素。根据 Wind 中国土地大全数据,苏州工业用地供应规模从 2011 年的 4.7 万亩逐渐下降到 2022 年的 1.5 万亩。"十二五"时期,工业用地出让 15.9 万亩,年均 3.2 万亩,"十三五"时期两项指标分别降到 9.5 万亩、1.9 万亩,预计"十四五"时期工业供地规模将稳定在 1.5—2 万亩之间。从工业用地占土地总供应面积比重来看,苏州基本上保持在 50% 左右。当前,土地供给和退出量基本持平,工业用地总规模逐步从大幅扩张转入趋于平衡阶段。

土地集约利用水平差异明显。苏州工业用地产出效益呈现明显的"二八效应",例如,根据《2020 年苏州工业企业资源集约利用综合评价报告》,A 类企业以 40% 的用地实现了 70% 的销售、80% 的税收;C 类、D 类企业占地约为 25%,销售收入、税收占比仅为 5.6%、4%。不同地区之间在工业用地土地集约利用水平上也存在明显差异,如 2020 年工业企业亩均销售、亩均

和枫科创园：多维度拓展产业发展空间

税收最高的板块与最低的板块之间极差分别为 3 和 3.65。此外，开发区主区的产出效益水平也明显高于代管区域，较代管区域高出 65%。

用地空间布局有待优化。从宏观上看，张家港、常熟、太仓、昆山、吴江五地工业用地面积约占全市总量的七成；省级以上开发区实际管辖范围内工业用地占全市的比重超过六成；沿交通干线呈带状分布特点突出，如沿江三市约四成的工业用地布局在长江沿线。但从微观尺度看，工业用地布局仍较分散，大部分乡镇都有自己的工业集中区，全市约三成工业用地仍然在开发区实际管辖范围外的镇村工业集中区内。这部分工业用地与宅基地、基本农田交错分布，产业定位不够清晰，产出效益不高，也是安全生产和生态环保等各类整治的重点。

多维度拓展产业发展空间

近年来，苏州始终坚持"存量优先"发展战略，聚焦闲置土地、低效厂房等各类存量资源，切实加强政策引导，加大挖潜盘活力度，多维度拓展产业发展空间。

苏州出台了存量资源盘活利用系列政策，为产业用地更新提供制度保障。2017年制定《关于促进低效建设用地再开发提升土地综合利用水平的实施意见》，明确了11项支持政策，引导各类主体通过更新改造、集中开发、业态调整、政府回购、协议置换等多种方式实施低效用地再开发。2020年出台《关于进一步深化工业企业资源集约利用综合评价改革的实施方案》，完善工业企业资源集约利用信息系统，整治低端低效企业。同年，出台《关于促进存量建筑盘活利用提升资源要素利用效益的指导意见》，推动存量建筑改变功能用于新产业新业态的"5年过渡期"政策有效落地。2022年出台《关于进一步推进工业用地提质增效的实施意见（试行）》，创新性提出了结余土地转让、配套比例提高、配套设施共建共享等支持政策。2023年，市政府印发《苏州市鼓励"工业上楼"工作试点方案》，重点鼓励电子信息、生物医药、智能装备制造、节能环保、纺织服装等产业中适合上楼细分的产业实施"工业上楼"，鼓励有条件试点、分批次推进、多层次探索，力争通过3年时间，建设一批"工业上楼"示范园区、楼宇，打造一批典型案例。

新虹产业园："工业上楼"

开展产业用地更新"双百行动",强化与国土空间规划有机结合。积极学习借鉴上海、广州、深圳、杭州等城市的先进做法,结合苏州实际,进一步细化、优化工业用地更新政策,2020年苏州提出了在全市开展产业用地更新"双百"行动,划定100万亩工业和生产性研发用地保障线,推动5年实施100平方公里产业用地更新,并纳入2035国土空间规划。根据"双百"行动方案,全市工业和生产性研发用地保障线划定规模101.2万亩,对照121.2万亩现状工业用地,保障线外退出53.9万亩(退二还一24.1万亩,退二进三29.8万亩),保障线内保留67.3万亩,新增安排工业用地33.9万亩。按照分级分类划定要求,划定产业基地21个,面积75.5万亩,占比74.6%;产业社区65个,面积21.4万亩;工业区块84个,面积4.3万亩;同步在保障线外预留6.7万亩弹性空间。

多措并举,以亩均、创新、绿色推动企业转型升级和土地高效利用。一是落实指标双控,提高准入标准。多年来,苏州新上工业用地的容积率和投资强度的准入标准逐步提高,从最早容积率不低于0.8,投资强度不低于200

建设配套完善的现代化产业园区

万—400万/亩（国家级开发区400万/亩，省级开发区320万/亩，乡镇工业集中区200万/亩），到2019年实行全链高效用地管理模式要求容积率不低于1.5，投资强度不低于500万/亩；2022年的工业用地提质增效"苏州十条"，明确容积率不低于1.6（高标准厂房不低于2.0,工业研发用地不低于2.5），投资强度不低于600万/亩。二是结合产业定位，强化金融支持。引导国有企业、链主企业、行业龙头企业等通过兼并收购盘活低效土地，引进高端产业项目；划定连片更新单元，整体盘活试点区域内产业用地，鼓励实施相邻地块集中连片更新，打造特色产业集聚区。鼓励银行等机构对产业用地更新项目给予优惠贷款支持；通过产业地产基金、产业股权基金、融资租赁、收益权信托、资产证券化等方式支持提供资金保障。三是推动复合利用，提升承载能力。新上工业用地或存量工业用地更新改造，所建行政办公、生活服务设施、生产性服务设施的建筑面积占地上建筑总面积的比例的上限由15%提高到30%，提高部分主要用于生产性服务设施。鼓励存量工业用地更新改造过程中，按照就近、集中的原则，对相邻地块，集中建设生产服务、行政办公及生活服务设施等配套设施，促进共享共用，推行"工业邻里中心"建设。四是加强全程监管，明确管控要求。实行工业用地全生命周期管理，落实"土地有偿使用合同+投资发展监管协议"制度。加强工业用地分割转让管控，工业研发用地可按建筑面积的40%分割转让，且需实行"先租后转"；高标准厂房用地分割转让比例严格控制，鼓励引导企业自持；工业用地单独配建或共建共享的生产服务、行政办公及生活服务设施等配套设施不得分割转让。五是正向鼓励、反向倒逼，推动企业转型。根据工业企业资源集约利用综合评价结果，A、B类的企业，在用电、用气、排污等方面给予正向激励，优先保障企业供应。

产业用地布局集中、效益集显

苏州积极探索，扎实推进，通过腾挪发展空间，促进产业用地布局集中、用地集约、产业集聚、效益集显。2018—2022年，共通过企业用地回购、存量用地自行改造、企业增资技改等方式实施低效用地再开发25.5万亩，占同期土地供应量的74%，为保障产业转型升级提供了资源要素支撑。

锦阳科技园：空间布局持续优化

空间布局持续优化。全市划定了101.2万亩工业和生产性研发用地保障线，牢牢守住产业用地规模；推动保障线外工业用地有序退出，科学引导新上项目用地在保障线内选址，产业基地和产业社区内供地占比达到90%以上，产业集聚效应进一步彰显。资源利用更为集约，通过收回重新供应、企业自主更新、国资回购改造、二级市场转让等多重方式，大力推进低效存量用地盘活利用，2020—2022年，全市已累计完成产业用地更新12.6万亩，其中，原地更新8.6万亩，退二还一4万亩。2020年开始在全市范围内开展供而未建土地处置专项行动，对摸排的261宗1.17万亩供而未建土地，通过"收购储备一批、督促建设一批、异地置换一批、补偿清算一批"的路径分门别类处置，两年期间共完成处置逾7000亩。同时，建立了土地供后利用动态巡查和预警机制，加强建设项目开竣工巡查力度，防止新增土地闲置情形。

制度创新多点开花。目前，各板块在产业用地更新和产业定制地供给方面均取得了一定成效。张家港完善产业用地全周期监管、先租后让、使用权续期制度，统筹实施"三优三保"，"退二还一"成效显著，截至2022年底，已完成产业用地更新3600多亩。常熟市以"一图一表一方案"工作为抓手，

周庄三株浜村:"村的特色田园化"

大力推进老旧工业区改造,促进"双百"规划蓝图有效落地。昆山市出台科创产业用地(Ma)管理办法,强化科创产业用地管理,鼓励二、三产业的综合开发和混合利用;在保障线内划分了120个改造更新单元,鼓励推进连片更新改造,建设配套完善的现代化产业园区。太仓市实施"标准地+双信地+定制地"配置模式,促进产业用地高效配置。相城区强力推进低效产业用地退出,黄桥街道开展国家级全域土地综合整治试点,全面推动产业、生态、生活布局重构。吴江区依托产业用地项目履约管理系统,实现全生命周期管理,推动"小集聚、大分散"向"大集聚、小分散"转变,2020—2021年,收回腾退低效工业用地5353亩;完成产业更新12150亩,盘活21301亩。吴中区开展存量用地盘活利用"焕新工程"专项行动,实行差异化供应方式、供地价格、出让年限和转让条件，精准服务保障重大新兴产业项目。高新区统筹推进产业更新和城市更新，探索产业用地复合利用，定制化满足企业用地需求。工业园区明确3年实施产业用地更新2万亩的目标任务，创新开展"10+N"供应模式，降低研发型企业前期用地成本。

典型项目推进卓有成效。通过储备一批优质地块，打造一批先行示范区，优化一套考核机制，集成一套政策工具，已成功落地一批如和枫科创园、锦阳工业园、新虹产业园、周庄特色田园乡村等典型案例。和枫科创园曾是零散建筑与厂房交织的低效用地，2019年，枫桥街道启动和枫科创园的升级改造，以产城融合为方向，创新同一宗土地工业、研发、商业服务业多用途混合，实现升级为以智能制造和数字经济为主导的新一代信息技术与制造业融合发展示范园区。锦阳工业园是张家港冶金工业园"退二优二"重点区域，它结合园区运营进行统一规划建设，腾退低效工业用地建设高标准厂房，引入工业邻里中心概念，打造新兴产业园区，有效提升土地利用效率和产出效益，同时兼顾村级经济发展，是"村级联合开发型"低效工业用地盘活利用的代表项目。新虹产业园位于原虹光精密厂房，原建筑距今已有20余年，载体大部分空闲，2019年，苏州工业园区城市重建公司收购了项目资产，开展老旧厂房改造与闲置地块新建工作，导入新兴产业，内置经营性配套，服务高端产业人才需求，已成为园区第一个用地更新"亿元产业园"，是"国资回购更新型"的代表项目。唯创智能制造产业园位于阳澄湖半岛旅游度假区，涉及阳澄丝绸、佳鑫服饰两宗相邻地块，宗地内原有厂房老旧、布局散乱、亩均税收偏低，如果两地块单独更新，受限于退线、停车、消防等指标限制，难以平衡投入产出，最终采用毗邻小地块"联动更新"模式，两家企业合作，统一规划、联合建设、分幵取证，引入专业化运营团队（苏州集创科技公司），定位智能制造，并保留业主主业，实现企业转型升级。周庄特色田园乡村三株浜不同于长三角普遍采取的农家乐或者精品酒店入驻等传统拼资源、拼投入的粗放发展路径，而是通过一、二、三产业融合发展，整合利用低效闲置土地资源并建立健全土地产权制度，有序推进农村产业深度融合和土地复合利用，引入社会资本，打造"香村·祁庄"特色乡村文化品牌，实现了农村土地资源的资产化，并以"村的特色田园化"带动了"人的重新乡村化"，入选自然资源部节地模式典型案例。

楼宇经济进行时

"高楼大厦"是现代都市不可或缺的部分,勾勒起城市天际线的独家记忆,也造就了经济发展的垂直空间。与国内主要城市相似,土地资源稀缺已成为制约苏州经济社会高质量发展的重要因素之一,如何更好利用楼宇经济"向天借地",将城市天际线转变为经济向上而行的助推器,对进一步推动苏州经济社会迈向更高台阶具有重要意义。

楼宇经济发展进入 3.0 阶段

楼宇经济是以商务、商业楼宇为主要载体,通过开发、出租、出售等方式,集聚、衍生、扩散相关产业的经济活动。楼宇经济拓展了城市经济发展的空间,具备资源集约化特征,并能产生较强的产业辐射,为面临土地资源稀缺的地区经济转型升级和产业提质增效提供了解决方案,是城市经济发展的新引擎和城市发展水平的风向标。

自 20 世纪 90 年代至今,我国楼宇经济发展经历了三个阶段,即单纯提供"空间"的 1.0 阶段、"空间+配套+服务"的 2.0 阶段以及"空间+产业+运营"的 3.0 阶段。其中,1.0 阶段以建筑形态的单一业态为主,楼宇主要用以满足办公需求,与经济业态的融合程度较低;2.0 阶段强调不同业态的复合,楼宇经济空间载体功能得到进一步强化,发展中更加注重其社会效益、人文效益、生态效益,各楼宇的差异化也逐步显现;3.0 阶段的楼宇经济则由原本的地产驱动模式变更为产业驱动模式,智慧科技与楼宇发展更为紧密,"以人为本"是其最重要的特色,并向着"绿色、智慧、共享、融合"的方向演进。

发展楼宇经济已成为国内主要城市的共识,形成了各具特色的运营和管理模式。成都以标准化推动楼宇经济发展,结合"标准化+产业升级"战略,已形成一套独具特色的楼宇经济发展经验。由成都牵头制定《楼宇经济术语》《商务楼宇公共服务规范》《商务楼宇等级划分要求》的三项国家标准均于

湖东国际金融中心：智慧科技与楼宇发展更为紧密

城市天际线

以创新管理模式铸就园区楼宇经济

2021年4月1日起正式实施,对规范国内楼宇管理工作、促进楼宇经济高质量发展具有重要意义。上海将楼宇经济作为经济发展的金字招牌。上海静安区布局形成"区域集中、产业集聚、企业集群、功能集成"的楼宇经济发展格局,区域内的上海恒隆广场更是于2021年成为上海首幢"百亿元楼"。吸引总部企业是静安区楼宇经济取得亮眼成绩的关键,区域内云集央企总部,并聚集有 5 家全球十强药业巨头，跨国公司地区总部已达 100 余家。杭州作为国内新一线城市，不断创新推动楼宇管理模式。早在 2009 年，杭州下城区在全国率先推出"楼宇社区"模式，通过整合政府、街道和楼宇社区等，充分结合商务楼宇的经济属性与社会属性，使单一楼宇经济转变为社会综合体。

打造各具特色的"垂直产业园"

近年来，苏州楼宇经济快速发展。据统计，自 2009 年起，市场供应面积年均增长率超过 17%。截至 2022 年末，全市商务办公面积 1 万平方米以上的楼宇共计 347 幢，其中税收突破亿元的楼宇达 69 幢。目前，苏州市区楼宇经济发展呈现出以苏州工业园区为第一梯队，其余各区域加速转型发展的格局，形成了各具特色的楼宇经济发展模式，为全市打造高水平产业创新集群提供向上的空间保障。

以创新管理模式铸就园区楼宇经济全市标杆。超前的服务理念和灵活创新的管理机制造就了苏州工业园区斐然的发展成就，也助力其成为苏州楼宇经济发展的样板示范。尤其是金鸡湖商务区设立以来，优质的"亿元楼宇"紧跟产业步伐大量涌现，其中以湖西 CBD、湖东 CWD 两大板块甲级写字楼密度最高，发展水平最高。截至 2022 年末，园区拥有办公面积 1 万平方米以上的楼宇 91 幢，拥有亿元楼宇 38 幢，亿元楼宇占据全市的半壁江山。园区楼宇经济产业特色鲜明，汇聚了金融及准金融机构、高端专业服务机构、总部类企业等，以生产性服务业和制造业的高价值服务环节为重点发展方向的楼宇达 113 栋。例如，2022 年 1 月投用的恒泰理想创新大厦通过前期精准定位，在 A 幢成功引进苏州自贸片区法律服务中心，规划形成由平台驱动层、核心产业层、关联功能层、科技赋能层组成的法律服务产业生态体系，助力法律服务产业化。此外，园区还围绕数字经济、科创服务、智能创新打造阳澄数谷，构建"数字经济转型示范区＋生产性服务业集聚区＋新兴产业功能性总部样板区"为特色的现代服务业生态圈。园区在楼宇管理方面的经验同样可圈可点，环金鸡湖楼宇党建工作便是其中之一。通过由商务楼属地党员领导担任"先锋楼长"，构建起"一楼长八大员"服务体系，形成"联络走访—问题发现—协调解决—跟踪回访"闭环式流程，有效落实楼宇业主和群众需求。

天都大厦（左）、华贸中心（右）：各具特色的"垂直产业园"

  以政府高效率引育打造相城区特色楼宇经济。在政府的有效引导下，相城区楼宇经济发展独具特色。自2011年高铁苏州北站启用以来，高铁新城成为苏州的新门户和北部的发展中枢，楼宇经济也得到了高速发展。截至2022年末，全区办公面积1万平方米以上楼宇达37幢，其中包括亿元楼宇10幢。相城区楼宇经济长期以"政府主动招商和回购回租－匹配区域内培育成长的企业主体"为主要发展模式，区政府结合自身产业定位，扶持了大量区块链、数字金融、工业互联网、能源互联网、车联网等数字经济类科技型企业。其中，高铁新城南天成路已成为"智驾大道"，聚集了百余家智能车联网企业，覆盖智能驾驶技术解决方案、整车、雷达、测试、地图等30多个细分领域，智能网联汽车产业创新集群建设不断完善。与此同时，数字金融产业同样在南天成大道得到培育与发展。相融大厦已入驻企业超百家，传统金融机构、投资机构、金融科技公司和数字人民币等相关企业，成为相城数字金融产业园的重要主体。

　　以瞄准产业新赛道助推虎丘区楼宇经济转型。虎丘区楼宇经济发展水平处于市区较领先位置，并已进入发展转型新阶段。截至2022年末，虎丘区办公面积1万平方米以上楼宇有22幢，其中包括亿元楼宇2幢。2022年第四季度，虎丘区甲级写字楼空置率约为14%，楼宇整体出租率较高，市场端需求较为强劲。由于虎丘狮山地区楼宇经济起步较早，部分老旧楼宇配套已无法满足产业发展需求，产业结构亟须调整。基于此，虎丘区深入推进楼宇经济转型，积极引入符合当地实际需求的新兴产业。2020年挂牌的虎丘区狮山商务创新区作为苏州高新区服务贸易集聚地，承担体制机制创新、开放合作创新、商贸流通创新、服务贸易创新等四项试点任务，整合金融服务、人力资源、知识产权等商务和创新业态，为狮山打造出一道亮丽景色。而即将建成投用的狮山金融创新中心将自身定位为复合式金融街区，融合了金融办公、金融商业、特色商业、长租公寓、品质酒店等各类业态，打造成为"金融创新+金融服务"融合的未来城市探索实践区。

产城人融合

以楼聚产

　　以产城人融合促姑苏区楼宇经济焕发新生机。作为苏州传统的城市中心，姑苏区也是吴文化的重要发源地。截至2022年末，姑苏区共有办公面积1万平方米以上楼宇20幢，包括亿元楼宇2幢。由于发展历史较久，姑苏区有部分老旧楼宇品质与现代需求脱节。在"保护更新古城、开发建设新城、新城反哺老城"等理念下，姑苏区以产城人深度融合为抓手，用更好的服务和更有效的规划使古城楼宇经济焕发新生机。目前，姑苏区已经集聚了国发大厦、蓝园、安和锦、国资M+等一批产业园楼宇和品牌，载体空间不断优化。近期开园的苏州姑苏人力资源服务产业园以"人才"为主打，通过"一平台五基地"的运营管理方式，从人力资源招聘、就业，到技能提升、再就业，打造高质量一站式人才服务体系。产业园设有人力资源服务大厅、现代服务业

培训基地、现代制造业培训基地和人才公寓等设施，为来苏人才一站式解决食、宿、行和就业等问题，解决人力资源需求的同时也为各类人才提供了苏州温度。同时，姑苏区引入集国际高端写字楼、国际奢华酒店、园林式商业街区于一体的大型综合体苏州华贸中心项目，全力打造苏南地区最高端的商业中心和在长三角乃至全国有影响力的重要商业地标。

以楼聚产助力吴中、吴江高水平打造太湖新城。太湖新城建设是苏州城市建设从"运河时代"迈向"太湖时代"的里程碑。截至2022年末，太湖新城所涉及的吴中、吴江两区办公面积1万平方米以上的楼宇分别有59幢、22幢，其中亿元楼宇均为2幢。随着苏州市委、市政府印发实施《关于加快推进太湖新城建设的工作意见》等一批发展意见和规划，两区在创新太湖科

楼宇经济向上而行

学城建设的同时，将楼宇经济发展作为其中的重要环节。吴中区通过太湖新城吴中片区以"数字创新港"建设为契机，重点发展工控系统、工业互联网、数字安全、在线新经济、数字孪生等产业，通过数字经济等产业的导入，现代服务业的发展以及总部企业、创新企业的培引，引导大宗优质楼宇项目于太湖新城板块集中入市。2023年，吴中区提出将"推动太湖新城打造标识性城市高端功能区，开工建设6栋、形成21栋百米以上的商务楼宇群"。吴江则将通过新兴服务业的集中打造，推动太湖新城更高水平建设。2022年10月，吴江举办恒力环企中心总部项目集中落户太湖新城签约仪式，该项目是总部经济发展的重量级项目，将打造成太湖新城的新地标和总部经济的新标杆；11月，苏州湾CBD楼宇项目集中入驻仪式举行，苏州市海腾工业互联网有限公司等17家企业集中入驻，覆盖了大健康、工业互联网、生物医药、电子商务等多个产业类别，太湖新城楼宇经济进一步提质增效。

政策支持，楼宇经济更上层楼

进入新发展阶段，苏州将楼宇经济发展作为培育壮大创新经济、总部经济和税源经济，加速高端服务业集聚，推动城市产业结构转型，提升苏州城市品质形象的重要抓手。基于此，苏州于2022年10月印发《关于促进楼宇经济高质量发展实施意见》，提出"苏州楼宇十条"。通过对楼宇品质开发、楼宇运营提升、楼宇企业培育、楼宇产业招引、专业特色楼宇打造、存量楼宇改造、亿元楼宇培育、楼宇监测评价、政务服务优化、楼宇党建引领等十个方面推出支持举措，构建区域集中、产业集聚、企业集群、功能集成的新型楼宇经济发展格局。2023年，《关于促进楼宇经济高质量发展的推进方案》印发，提出计划2023年当年新增亿元楼宇18幢，打造特色产业楼宇27幢，改造存量楼宇7幢，举办楼宇推介活动超70场，并于2025年形成较好的"苏州产业楼宇"品牌影响力。随着楼宇政策支持力度的进一步加大、服务流程的逐步优化、楼宇监测能力的不断提升和各项工作机制的优化完善，未来苏州的楼宇经济必将伴随产业创新集群建设乘风破浪，助推城市发展空间"向上而升"，助力城市经济品质"向上而行"。

繁荣相伴而生

商业地标提升城市活力

商业的繁荣影响着一座城市的人口聚集、消费热情、生活方式以及现代化和国际化程度。城市的商业地标既是时代的产物，也是未来的象征；既是物化的表达，也是人文的交叠。随着人口的变化和城市的发展，一座城市具有标志性和辨识度的商业地标的形态也在发生变化，出现了商场、商业综合体、中央商务区、布洛克模块街区等多种类型，出现了购物、餐饮、体验、娱乐、社交等多种功能，它或者它们体现了一个地域的形象与气质，正在成为各种品牌线下落地的重要载体和时尚以及潮流文化的发祥地。

苏州，自古便依靠便捷的水陆交通、丰富的水乡物产、精益求精的工匠制作，成为远近闻名的商业繁华都市和重要消费城市。始建于西晋的玄妙观让苏州人自古就有"荡观前"和"白相玄妙观"的习俗，也让观前成为苏州具有标识性的商业地标。在《红楼梦》中被誉为"最是红尘中一二等富贵风流之地"的阊门，让石路成为苏州另一个商业地标，例如明清时期江南棉布字号基本集中在苏州，尤其分布在阊门上塘街、下塘街一带。新中国成立以来，随着苏纶纺织厂、第一纺织厂等新兴工厂带来的人流与客流的集聚，以及泰华商场、工人文化宫的兴起，南门商圈也成为苏州的又一个商业地标。近年来，苏州工业园区、虎丘区、相城区、吴中区等新城区快速崛起，苏州的商业载体以及商业地标呈现出多花争艳、共赴辉煌的新格局。

繁荣相伴而生

曾经，江南地区经济发达，而苏州是这一区域的璀璨明珠。如今，在长三角地区乃至全国，苏州取得的经济成就有目共睹，商业也伴随着经济腾飞而快速发展。2022年，苏州实现社会消费品零售总额9010.7亿元，位列国内重点城市第七位，与此同时，一批商业项目、商业地标相继建设，成为苏州商业繁荣的见证。那么，苏州商业繁荣的基础是什么呢？

观前街：苏州的文化名片

产业支撑力强。经过改革开放 40 多年的努力，特别是新时代十年的奋斗，苏州始终站在发展最前沿。2022 年，苏州地区生产总值达 2.4 万亿元，以占全国 0.09% 的国土面积，贡献了全国 2% 的经济总量，3.9% 的实际使用外资，6.1% 的进出口总额，大部分指标都位居全国大中城市前十。实体经济发展量质齐升，制造业增加值占 GDP 比重保持在 40% 以上，产业体系完整，电子信息、装备制造规模超万亿。纳米新材料、生物医药及高端医疗器械、高端纺织入选国家先进制造业集群。产业是城市经济的核心，苏州强大的产业基础为人口集聚、收入增长、商业发展、地标性商业体的建设提供了有力支撑。

消费环境优渥。近年，苏州加快建设国际消费中心城市，争创全国放心消费示范城市。在 2023 福布斯中国·消费活力城市榜中，苏州位列第十，成为全国 20 个最具商业活力与全球化愿景的城市之一。苏州人均可支配收入较高，拥有较强的购买力。2022 年，苏州全体常住居民人均可支配收入达到 70819 元，人均消费性支出达到 42889 元，均在重点城市中名列前茅。苏州在全国首创"线下购物无理由退货"，承诺商户已超十万家，从传统零售业到民宿、农家乐、文旅商品等业态全面覆盖，并通过无理由退货服务站、维权监督站，让"买得安心"增强消费者的信心。2023 年，中国消费者协会发布《2022 年 100 个城市消费者满意度测评报告》，苏州市位居榜首，这也是苏州继 2021 年后再次在该报告中登顶。

文旅资源丰富。苏州是国内热门旅游目的地，拥有丰富的资源、优越的条件。目前拥有古典园林、中国大运河苏州段两项世界物质文化遗产，昆曲、古琴、宋锦、缂丝等世界级非物质文化遗产。平江路、山塘街等国家级历史文化街区，苏州工业园区、李公堤等国家级旅游休闲街区，由古老迈向年轻时尚的十全街等等，正在成为苏州文商旅融合发展的重要载体。同时，苏州还不断丰富旅游产品供给，为游客提供高品质旅游产品、精细化配套服务。开发主题旅游线路、升级"君到苏州"智慧文旅平台、推动数字孪生景区探索试点等举措不断推出。此外，苏州正在倾力打造长三角区域枢纽中心城市，全力融入"轨道上的长三角"建设，包括通苏嘉甬、水乡旅游线等在内的多个交通工程项目加快推进。优越便捷的交通条件，极大地吸引了四方游客。2022 年苏州接待国内旅游人数 9902 万人次，实现旅游总收入 1863 亿元。

新商业、新地标、新名片

建设优质载体，推动消费升级。针对消费形势的变化，苏州有序推动一批商业项目建设，全力打造地标型高能级商业载体。从高端消费来看，以美罗、久光、泰华、比斯特等为主的老牌商业体正在向个性化、潮流化、体验化迭代。从实体商业新业态来看，近年新开业的狮山龙湖天街、大悦春风里等走轻奢、时尚、社区路线，向超级TOD综合体发展，让顾客畅享"地铁+商业"的便利，成为带动消费升级的重要力量。

作为高端消费商业地标，苏州美罗发展历程较具代表性。1993年3月，苏州首家合资零售企业"美罗时装城"成立，这是中国第一家合资商业零售企业、中国第一个经营国际奢侈品的百货商场，也是如今苏州美罗的前身。当年，"美罗时装城"商场面积2500平方米，每个专厅面积50平方米，售卖进口品牌37个。1993年，"美罗时装城"成为中国第一家由红十字会颁发的"无烟商场"；第一家开柜销售的百货公司，让商品和消费者亲密接触，建立互信；第一家对消费者提出七条服务公开承诺的商场，最重要的一条是只要不损坏商品，一周内可以无条件退换货，中国市场商业信用体系开始有了标准；公开提出商家要保护消费者权益，并成立"顾客学校"，告诉消费者如何打假维权。多年来，美罗依托所在商圈，牢牢抓住高端精品百货的主线，始终坚守苏州老牌商业地标地位。2009年9月，美罗东楼开业，营业面积扩大至5.5万平方米。2012年1月，美罗新区店开业，营业面积达到近12万平方米。在经营上，美罗始终定位国内外顶级品牌和高端品牌。

苏州中心是苏州的城市新名片和商务商业中心，位于园区湖西CBD，紧邻金鸡湖5A级景区。苏州中心业态创意非凡，为消费者带来全新体验，成为商业标杆和时尚生活必选地。2022年9月开业的苏州中心商场二期，建筑面积约3万平方米，打造了涵盖主题街区、网红餐饮、时尚珠宝、玩具手办、国潮品牌和娱乐休闲的全新空间。其中，现象级网红沉浸式主题空间"城市集市·街巷"，还原20世纪90年代的雅致姑苏，以专业造景、特色餐饮、演艺空间为主，打造开心麻花X城市集市剧场群落，传递人文情怀。苏州中心商场不断开展丰富多彩的活动，调改升级品牌，吸引本地及华东区消费者前往体验，开业五年累计客流量约2.4亿人次。同时，大力发展首店经济，引领品质生活，累计引入首店品牌超200家，形成时尚新典范。

苏州中心：城市新名片

　　苏州大悦春风里由国际顶尖设计事务所 BENOY 负责建筑设计，总建筑面积约 33 万平方米，包含购物中心、商业街、P+R 公交枢纽换乘中心以及 3000 个停车位的独立停车楼，在"随顾客一同成长"的理念之下，秉持"温馨、时尚、惬意、品位""姑苏理享生活地"的定位，大悦春风里引进了近 400 家国内外优质品牌入驻，其中 40% 属于首店和旗舰店，超过 50% 属于生活类品牌。类似大悦春风里这样伴随着新城建设和轨道交通建设的商业综合体正在形成苏州商业新版图，如吴中区的歌林公园、虎丘区的 Costco（开市客）、姑苏区的胥江天街、相城区的繁花中心等等，正在集聚越来越多的商业店铺、餐饮美食、生活服务、潮流 IP、文化艺术、表演活动，打造沉浸式、体验式、互动式消费场景，通过创意、文化和创新的力量，满足人们高品质生活需求的同时，绘就了"大城时代"的新姑苏繁华图。

狮山龙湖天街：轻奢、时尚

当下，网上商城已经成为人们购物的主要方式之一，然而线下商贸业仍然扮演着重要角色，这促使许多商家将线上商城和线下商业载体相结合，通过贯通线上线下双通道，激发零售新活力。品牌商业载体也紧跟时代和市场的变化，改变商业模式，拥抱数字经济，通过"互联网+"打造全产业链综合平台。天虹从刚需的收银场景着手，引导顾客扫线下小程序进行付款，开启了企业数字化进程。2018年，天虹正式推广小程序，将天虹App的线上商城、超市到家、手机快速买单、智慧停车等核心功能上线至微信小程序；2019年上线适合拼团、福利购等；2020年上线专柜到家、直播间等。天虹还把超市到家、专柜到家、会员体系、线上商城体系、直播等功能融入小程序，实现了非到店服务场景的拓展。天虹以小程序为线上增长的孵化器，做好线上线下一体化消费服务，既满足线上为线下引流赋能，又将用户再次引流至线上，实现线上线下的流量闭环。大数据、云计算、人工智能、虚拟现实等新技术的发展应用，推动商业载体在智慧设施、智慧营销、智慧服务、智慧管理等

绿宝广场：年轻、休闲、娱乐

方面探索创新，打造出智慧消费生态体系；另一方面，由数字技术催生的新业态、新模式加速涌现，直播电商、短视频电商、社交电商、内容电商、兴趣电商等一批电商新模式孕育兴起，推动数字经济与实体经济深度融合，为数字经济时代的消费注入新动力。

商业，测量着城市温度

面向未来，苏州加大了商业发展的规划设计和发展引导。在 2021 年出台的《商贸业"十四五"发展规划》中，提出了培育创建国际消费中心城市、建设国内商贸流通示范区、建设长三角商贸联动区、构建全域商贸均衡发展引领区，明确提出强化大型商业综合体国际化、高端化、品牌化定位，助推中型商超实现多功能、差异化转型升级，优化各市（区）现有商业布局，引导传统核心商圈加快提质扩容，鼓励各地积极打造地标型商业中心。在 2022 年出台的《"十四五"服务业发展规划》中，从提升商圈国际竞争力和商贸

人潮涌动的圆融天幕

业跨越升级等方面提出，要强化苏州中心等城市综合体的高端消费定位，开展重点商圈商街数字化营销试点，引培高端大型品牌连锁商贸企业，打造首店经济示范地标。2022年12月，苏州印发《现代商贸业高质量发展三年行动计划（2023—2025）》《关于推进商务高质量发展的若干政策措施》等文件，从消费角度强调提升商业载体、商业街区、供给质量等水平，并根据苏州商业载体发展情况，提出引进大型商贸企业等发展措施。

如果说大型商业体是城市的标识，那么一刻钟便民生活圈就是老百姓"家门口的幸福"。一刻钟便民生活圈以满足居民日常生活基本消费和品质消费为目标，以多业态集聚形成社区商圈，是新时代商业等融入基层和社区的"地标"，苏州入选了国家首批一刻钟便民生活圈试点城市，在这里我们可以看到具有鲜明苏州标识的"邻里中心""双塔市集""城市生活广场"，这些城市新名片无处不在地体现着这座城市的温度。围绕高质量建设一刻钟便民生活圈，苏州制定了《关于推进苏州市一刻钟便民生活圈建设的实施意见》《苏州市一刻钟便民生活圈建设标准》，明确设置规模、功能要求、配置标准、业态组合等，提出合理配置商业设施，确保商业面积、商业业态、建筑规格符合标准，要求商业设施建设充分考虑周边商业发展基础，兼顾社交、文化、休闲等功能，因地制宜形成不同的主题街区文化和地方特色文化，实现优势互补、错位发展，以及商业与居民生活的和谐发展。

文化消费赋能人民美好生活

文化是城市的底色，城市是文化的容器。伴随着城市发展日新月异，人民文化需求持续增长，以消费场景营造本土文化生态，以文化基因赋能城市空间，已经成为当前城市发展的重要趋势之一。基于文化消费需求构建出来的城市空间，渗透了情感和精神的多重价值追求，在丰富的文化创意以及多元呈现方式的加持下，推动着城市走向新一轮复兴。构建高品质文化消费场景，需要通过活用城市文化内容、文化符号、文化故事，进一步挖掘城市文化资源，对城市存量空间进行盘活与创新，多维度呈现文化多样性，凝聚文化认同，从而拓展城市文化和城市品牌，打造城市的软实力名片。

作为国家历史文化名城，苏州顺应时代新趋势，整合特色文化资源，开发建构具有多重文化消费价值的城市场景，推动城市结构优化和空间品质提升，推动传统文化与时尚元素相融合，打造兼具江南气质与国际视野的文化新地标，使文化传承与经济发展相互促进，为新时代城市风貌建设写下生动注脚。

得天独厚的文化资源

在当下一系列程式化的现代化都市形象要素的堆砌中，苏州的文化独特性有其天然禀赋和专属风格。这座城市一面历史文化底蕴深厚，一面现代风采风貌彰显。作为江南文化的重要组成部分，吴地文化是一种具有鲜明地方特色和深厚人文积淀的区域文化，在保护、传承、利用中不断发扬光大，在内涵持续演进和丰富中孕育出如今的"双面绣"城市，传统文化与现代文明在此交融，成为世界了解江南、了解中国的重要窗口。

"世界文化遗产"和"世界非物质文化遗产"的交汇，使苏州成为"世界遗产典范城市"，又被称为"书香之城""戏剧曲艺之城""全球手工艺

苏州文化消费的魅力场景

古韵与今风同在

与民间艺术之都""百馆之城"等等。水乡古镇、小桥流水、粉墙黛瓦,在苏州,许多城市景观都有特殊的文化意义,背后蕴含着诚挚深切的公众共情价值。回溯古往今来的苏州城市标签,"江东一都会""天下粮仓""全国第一商业都会"展现苏城繁荣,精湛绝伦的"苏作工艺"是苏州建设制造业强市的底层基因,引人入胜的"百戏之城"则展示苏州蕴藏的深厚艺术基因。在城市格局创新改造过程中,苏州用文化底蕴打底,关注古城、古镇、古村、

古街，将历史承袭的自然与人文景观与现代化城市进程融为一体，凝结成苏州的文化意象、审美意识，并在城市建设发展中延续。

当前的苏州，古韵与今风同在，传统、精致、闲适的江南生活与智慧化、精细化、国际化的现代生活融合渗透，苏州正走出一条务实、开放的城市发展之路。

激活文化消费新动能

2017年，苏州成为国家文化消费试点城市；2020年，苏州获评首批国家文化和旅游消费示范城市；2023年，江苏省政府工作报告中提出，支持苏州加快建设国际消费中心城市。增强消费对经济发展的基础性作用，是响应供给侧结构性改革的内在要求，也是解决同质化、粗放式供给与多样化、品质化需求之间矛盾的必由之路。消费既有物质消费，也有精神文化消费，近年来，苏州相继出台《苏州市文化消费项目管理办法（试行）》《关于加快推进文化和旅游深度融合的实施意见》等系列政策性文件，充分发挥服务人口规模大的优势，以创建国际消费中心城市为抓手，积极推动文化消费商业模式创新，引领多元化消费潮流，优化城市消费环境，激活并释放文化消费市场潜力。

"君到苏州"文化旅游总入口让人们"一部手机游苏州，掌上轻松品文化"，只要扫一个二维码就可获得吃、住、行、游、购、娱多方位的文旅服务，苏州文化创意设计产业交易博览会、苏州国际旅游节等系列活动也成为展示"最苏州"文化的窗口，激发着人们心底对于文化消费的欲望。在"城区即景区，旅游即生活"的理念中，平江九巷经过更新改造和活态保护激活了文化消费的新动能，这里生活、文化、商业、旅游、社区实现良性互动与和谐相融，这里集古城成片保护样板区、苏式生活示范区、传统文化展示区、时尚产业策源地于一体，

这里展示着戴望舒《雨巷》中梦回萦绕的诗一样的意境,"你一句春不晚,我就到了真江南",江南文化浸润下的苏州成为一批又一批游客的旅行目的地。

　　昆曲、评弹、苏剧是苏州文化的"三朵花",穿越历史,经久不衰,是吴地文化的传播者。如今,苏州交响乐团、苏州民族管弦乐团、苏州芭蕾舞团这"新三朵花"在人民群众的精神文化需求中应运而生,成为城市新的文化符号。同时,苏州也在新建改建一批具有城市特色的艺文空间,打造新兴业态,推广数字人民币文旅消费新模式,推动文旅消费提质扩容,推动各公共文化场馆探索引入高品质展览、高层次消费等增值文旅服务,解锁更多文化消费城市新场景。

打造多元业态复合空间

　　随着城市发展格局的演变,构建高品质文化消费场景正成为城市存量空

海市山塘：重绘旧时市集的繁华热闹

间盘活创新的重要实现路径，现代城市纷纷扎根自身文化基因，挖掘民众消费需求，进行多重维度的融合式创新改造，形成城市经济发展新动能。

苏州是全国首批24个历史文化名城之一，截至2022年底，有884处文物保护单位，为溯源传承"江南文化"提供充足素材。苏州在对城市空间革新改造中，立足传统历史，浸润人文关怀，通过文化赋能注入新的活力，诸如建筑外立面的改造、场所商业内容的变更，强化业态创新，引入年轻群体青睐的商业业态，将创新与传承进行碰撞与融合。近年来，苏州围绕老旧建成区改造和存量土地盘活利用开展了丰富的探索实践，形成了自行改造、低效用地再开发、存量建筑盘活利用等一系列政策工具。城内越来越多的老建筑在改造、修缮和利用中延续生命、升级功能，在秉承原有文化基因、保持原有历史肌理风貌的同时，为城市发展注入商业动力，探索新的运营模式。

坐落在山塘街的海市山塘是苏州首座沉浸式垂直街区，是由山塘街的一座古旧老宅更新改造而成的，3000平方米总三层独栋的商业空间，改造主题

竹辉环宇荟："老面孔"变身新地标

以《山海经》为蓝本，进行"海市山塘"剧情化设置，一步一景，光影交错，中式茶饮、西式烘焙、苏式小吃、文创体验、非遗传承集聚于此，重绘旧时市集的繁华热闹，集中展现苏式文化生活的风雅繁盛及市井烟火，将江南特色文化内涵与现代国潮网红产品及服务紧密融合，为消费者带来多元化、具备用户黏性的丰富沉浸式消费体验，满足年轻人拍照打卡需求的同时，为姑苏商圈带来新流量。在此背景下，苏式传统文化和现代潮流文化在海市山塘包容共生，成为山塘街上一道亮丽的风景线。

竹辉环宇荟作为苏州首个滨水园林开放式街区，则是由2013年底停业的老竹辉饭店更新改造而成的。街区位于苏州城中心地带，通达四方，以"重塑竹辉饭店记忆"为切入点，通过"亭、林、街"概念元素再现苏州古城城市肌理和传统建筑风貌，配备行馆、戏台、亭榭，将"粉墙黛瓦"和"戏台池藻"等苏州标志性文化符号融入建筑风貌。除了引入中高端餐饮、苏式文化设计、时尚买手品牌店等，特色商业与文化休闲紧密结合，还引入了以策展为主要经营内容的全国首家有南艺术馆，丰富消费者文化体验，"老面孔"变身新地标，持续为古城注入年轻活力。

坐落在古城的十全街，全长约两千米，原名十泉街，东起葑门安利桥堍，西至人民路三元坊口，至今仍保持着水城传统规划格局，水陆平行、河街相邻、两街夹一河的水乡情调，并拥有沧浪亭、南园等名胜古迹，以及十余座临河而建的小桥，曾经是苏州的"玉石一条街"和"酒吧一条街"。时下，十全街把握新兴客群喜好，因地制宜、活用传统文化元素，以颇具特色、富含文化底蕴的街区为载体，引入大量独立、小众、精品的咖啡茶饮店面，使其拥有了"苏州武康路"的别称。再加上各种类型的新潮餐馆、小酒馆，搭配馋老沸、祥鑫等苏州传统小吃店，更是让十全街成为不少苏州本地居民和外地游客的逛吃目的地，时尚、年轻的街区氛围正不断吸引大量优质年轻客群。

构建城市特色文化场域

城市本身便是一种媒介，在空间体验之上传递地方精神，对一座城市生活方式的体验、感知与评价是城市形象塑造的重要来源。现代城市更应借力新技术，升级优化消费场景，提供多元体验，增强多方互动，激活市民消费，带来城市文化消费新增长点。苏州正成为新时代奋斗者的集聚地，大量外来人口流入并创造财富的同时也在融合、渗透、新生城市价值体系，共建、共治、共享美好社会生活。在城市新格局演变过程中，更需要以文化凝聚共识，牢固社会网络，更好地获得居民认同，让居民感受和分享城市文化活力提升带来的获得感。

近年来，苏州注重把文化元素嵌入各类城市空间，构建城市特色文化场域。如从夜间经济入手，各地各部门上下联动，围绕"夜show、夜游、夜食、夜购、夜娱、夜宿"，开展各具特色的夜间消费促进活动，打造"姑苏八点半"品牌。十大夜间文旅消费集聚区中，姑苏区观前街区、吴江区同里古镇获评国家级夜间文化和旅游消费集聚区。其中特色项目"江南小剧场""江南小书场"，通过评弹、昆曲进酒店、进景区、进特色街区的方式丰富夜间文旅消费场景。截至2022年底，"江南小剧场"已打造25出戏，借助枫桥、观前街、山塘街、斜塘老街等场地，根据各自文化特色开展了主题各异的专项演出，助力提升

问雅拙政

江南城市文化品位的同时,也在逐渐形成规模效应和品牌效益。

当前,苏州还在奋力推进文化产业倍增计划,注重文化消费场景的互动体验、专属情境与艺术情调,以繁荣苏州文化事业和文化产业为导向,加大优质文艺作品供给,促进文化消费升级,培育优质文艺综合体,为商业空间打开更多应用场景。

坐落于金鸡湖畔的苏州文化艺术中心,建筑面积15万平方米,是苏州市重点文化企业、江苏省重点文化产业示范基地。苏州文化艺术中心在现有大剧院、大道喜剧院、金鸡湖音乐厅、映剧场4个剧场外,通过对滨湖原餐饮建筑的更新改造,打造包括极空间、国风剧场、魔术剧场、悬疑剧场、全球儿童剧艺术中心在内的8个剧场,构建"12+N"的演艺新空间,全新升级为"苏艺演艺文化集聚区"。在文化消费升级背景下,优秀作品是传播的核心所在,苏艺一方面大力引进《永不消逝的电波》《只此青绿》《红楼梦》等名团名剧名家剧目进行展演,另一方面积极创新自制精品剧目。如苏州芭蕾舞团尝试从全新

角度诠释传统文化,原创剧目《唐寅》《西施》取材于江南本土,将苏式文化的独特风韵"舞"到更大平台。《燎原》《极夜》两部沉浸式话剧也正以超高频次在苏艺演艺文化集聚区上演。另外,魔术剧《凝固的时间》、童话环境剧《安徒生密码》、剧集式舞台剧《K24》等优秀剧目的驻场演出也正不断吸引苏州乃至全国的文艺爱好者前来打卡。紧扣打造旅游目的地的定位,未来苏艺还将推出"金鸡湖游船+看戏"的艺游线路,提供一条龙游览体验,游客可以看演出、逛市集、赏灯光秀、坐姑苏舫、登桃花岛,在文旅互动中领略江南文化。

　　苏州城市发展进程逐步加快,在城市更新的时代背景下,随着现代消费的不断转型升级,城市格局的革新肩负着城市空间盘活、人文记忆再生、社交活力重塑的多重使命。随着社会公共需求的变革,苏州正以多元视角探索思考构建高品质文化消费场景,将城市建设、便民消费与社会生活多维融汇,将商业消费场景与苏式文化生态有效耦合,做精生活美学,以新型文化消费需求实现城市活力再造,构建有品质、有温度、有归属、有生命力的城市生态。

"微更新"理念下的社区公共空间营造

城市更新是加快构建新发展格局的必然要求，也是推动城市高质量发展的客观需要。社区公共空间微更新是城市更新不可或缺的重要部分，也是优化城市民生服务、建设宜居城市的关键环节。苏州是全国第一批城市更新试点城市之一，提升品质、塑造特色、探索模式、积累经验成为当前苏州城市建设的重点任务之一。苏州通过改善住宅品质、保护与激活历史遗存、完善社区服务设施、提升公共活动空间等，优化城市民生服务功能，积极探索多元主体管理模式，营造居住空间舒适宜人、服务设施便捷友好、管理模式科学长效的"苏式生活"。

社区公共空间微更新以人为尺度

"社区"源于德国社会学家滕尼斯1887年出版的《社区和社会》。中文"社区"是中国社会学者在20世纪30年代英文意译而来，意在强调这种社会群体生活是建立在一定地理区域之内的。美国学者G.A.希莱里通过研究近百个关于社区的定义发现，地域、共同的纽带以及社会交往是构成社区必不可少的要素。目前，大多数社会学家认同的社区概念是生活在同一地理区域内、具有共同意识和共同利益的社会群体。

社区公共空间是指为居民提供社会生活公共使用的室外空间，主要包括户外场地、街道、公园、广场等社区居民日常生活的场所，是分享型的"共有空间"，既包括住区与住区之间的公共空间，也包含住区内部的公共空间。

"微更新"中的"更新"是在"城市更新"框架下进行讨论的，而"微"则对"更新"做了一定的形容和界定。"微更新"既不是大更新、大改造，也不是完全不更新即保护，而是微小、细微的更新。"微更新"不仅表现在方式上，还表现在结果上，即以微小的更新达到微妙、精妙的效果。总之，微更新主要是指，在可持续发展理念下，对小尺度的空间，采取渐进有机的更新方式，并强调多元主体的参与，促进环境提升、功能优化，满足人的实际发展需求，激活城市空间活力的改建活动。

相门小游园：小游园里的大精彩

社区公共空间微更新的政策脉络

  与社区微更新相关的政策内容嵌入在城市更新相关文件中，包括"十四五"规划纲要、老旧小区改造、历史文化保护、城市微更新等相关文件。2021年，国家"十四五"规划纲要提出，实施城市更新行动，推动城市空间结构优化和品质提升。同年，国务院印发《关于在城乡建设中加强历史文化保护传承的意见》，住建部印发《关于在实施城市更新行动中防止大拆大建问题的通知》，国家发改委和住建部联合印发《关于加强城镇老旧小区改造配套设施建设的通知》等文件，对加快推进城市更新提供了政策支持与指导。2022年，江苏省印发《关于实施城市更新行动的指导意见》，明确负面清单事项，提出在城市更新中应采用"微改造"方式，不得脱离地方实际，不得搞运动式推进，不得未批先建及违规编制、修改、批准和实施国土空间规划，不得违法违规变相举债，切实防范金融风险，防止城市更新变形走样。

　　2022年10月,《苏州市城市更新试点工作实施方案》发布并施行,强化城市更新顶层设计,聚焦城市建设中的突出问题和短板,并指出到2025年底,将积累一批可复制、可推广的试点经验,打造城市更新"苏州样板"。同时,苏州出台了一系列配套政策,与社区公共空间微更新相关的政策主要包括《苏州市城市微更新建设指引》《苏州市城市更新技术导则》以及《苏州市城市更新社区设计师服务制度(试行)》,从理念、技术、内容以及专业力量引入等方面为各类城市更新提供指导以及制度保障。在老旧小区改造、市集模式、口袋公园、古城保护等不同领域,苏州出台了相应的规划和文件,包括《苏州市城镇老旧小区改造规划(2021—2025)》《苏州市口袋公园规划》《苏州市口袋公园建设导则》《保护区、姑苏区三年系列行动计划(2023—2025年)》等,为进一步开展城市更新工作指明了方向。

实现苏式空间微更新

　　彰显特色,深化文化植入,提升城市内涵。在老旧小区改造中,充分挖掘当地文化特点,以昆山里库二村小区为例,突出"里库"与"吏舍"地域文化内涵,设立库氏字辈谱墙,强化"先贤故里"城市意象。在传统街坊的保护与激活中,微更新以历史街区、历史地段、历史文物、历史建筑、传统

养蚕里市集：打造沉浸式赶集体验

民居等历史元素的成片保护为目标，以姑苏区32号街坊为例，根据曹沧洲祠（市控保建筑）的文化属性，引进苏州知名老字号医药企业雷允上，在弘扬吴门医派精神的同时，植入中医坐堂、非遗体验、科教宣传等功能；根据江苏按察使署旧址（省文保单位）的历史文脉并结合片区定位，将其打造成姑苏文化艺术中心。在改造老菜场时，融入精神文明建设元素，形成文艺展示空间、文明聚集空间和文明实践窗口。在城市公园建设方面，因地制宜确定口袋公园主题，突出苏州地方特色，融合历史、文化、艺术、时代特征。

多方共建，引入社区设计师，探索更新模式。城市微更新主要包括政府、街道（社区）、专业团队、居民、企业等主体。为引导专业力量的参与，苏州专门出台《苏州市城市更新社区设计师服务制度（试行）》。在微更新过程中，不同主体参与度不同构成了不同的模式。一是政府主导、多方参与，省、市两级老旧小区改造采用的模式是政府相关部门牵头协调组织，提供资金并进行后期的管理维护，专业团队结合居民意见进行方案设计。二是基层主导、社区共治，比如苏州工业园区社区微更新项目，社区党总支通过网格巡查和居民反馈，针对社区问题，联动党建联盟单位、物业、社会组织、红色管家志愿者等多元力量，进行"微更新"。三是政府引导、企业参与，比如苏州的汇邻市集改造，政府引导苏州名城汇邻广场商业管理有限公司参与市集改

苏式社区生活

造，该企业向产权人承租后，统一负责市集内部装修、招商及后期运营等管理工作，再以房屋租赁形式出租给经营户，通过业态提升收取租金及物业管理费保持收支平衡。

以人为本，贯穿全过程，提升居民参与度。社区公共空间更新目的、更新方式、更新内容等方面，无一不显示了苏州以人为本的内涵。从更新目的来说，不断满足居民生活需求，提升城市宜居环境，出发点和落脚点都是在人。在城市更新过程中，强调发挥群众的能动性，激发群众参与度，将群众放在主人翁的位置，不断提升群众的自治能力。而微更新的城市更新模式，更是体现了以人为本的理念，即通过"绣花针"的功夫，把对老百姓的打扰降到最低。老旧小区改造、苏式街区、集市和口袋公园等社区公共空间是老百姓日常生活的重要点位，在这些空间的建设中，积极融入儿童友好、游憩休闲、体育健身、文化科普、公共服务等复合功能，打造全龄友好的完整社区，为百姓提供更多更优质的公共空间，极大丰富了社区居民的生活。

空间微更新提升微幸福

设施优化暖人心——老旧小区改造。2019年，苏州成为住建部8个开展老旧小区改造深化试点工作城市之一。苏州作为全省唯一入选的试点城市，以16个试点项目为载体，探索涵盖共同缔造美好社区、金融支持、居民和社会参与等内容丰富的老旧小区改造全新模式。2022年，苏州省、市两级老旧小区改造项目96个，惠及居民约36294户，建筑面积409.06万平方米，实际完成投资约14.196亿元，在住建部对全国城镇老旧小区改造试点城市居民满意度调查中，苏州综合总分蝉联第一名。苏州老旧小区的改造包括物质环境改善、空间品质提升等，比如市政管线、建筑改造、公共服务设施、景观绿化以及道路改造进程中将"共建、共治、共享"理念融入，并通过"微更新"方式，以"绣花针"功夫扮靓老旧小区，体现出苏式的精致与工匠精神。

苏式街区融古今——传统街坊的保护与活化。苏州作为中国首批24座国家历史文化名城之一，拥有众多古迹。1983年苏州文物普查结果表明苏州古城内大量祠堂、民居需要被保护，尤其是整体布局符合苏州古城风貌、位于寻常巷陌的传统民居。传统民居在古城中数量巨大，并以成片的形式存在，共同构成了古城的建筑风貌,承载着苏州古城的独有文脉。古城成片传统民居构成传统街坊,兼具社区属性和历史文化属性。以姑苏区32号街坊为例,该街坊拥有丰富的历史建筑遗存,是江南文化的重要载体和典型代表之一。该街坊的更新,从了解和掌握建筑、历史文化和居民等相关情况出发,以保护街坊特点及其整体性为理念,以"最小干预、最多保留"原则,采用"微改造"方式,对老旧房屋进行维护、修缮,提升整体风貌。另外,该街坊通过古建老宅的活化利用,保护、传承并发扬江南文化,丰富街区历史文化内涵的同时有效提升社区的生机与活力,呈现苏式生活体验街区,比如将畅园转型为精品园林酒店。

市集模式促消费——便民服务空间的提升与激活。菜场不仅是重要的民生设施,更是增加社区互动与交往的社区公共空间。苏州探索老菜场更新的"市集模式"获得国家认可,成为住建部发布的实施城市更新行动可复制经验做法之一。以双塔菜场为例,苏州通过探索城市微更新路径,以"政府引导、市场运作、公众参与"模式,在保留菜场功能基础上提升购物环境,完善钥匙铺、裁缝摊和修锁摊等社区铺位设置,增加文创、餐饮等休闲区域,将传统的农贸市场更新成兼具社区生活服务与休闲消费的多功能复合空间。养蚕里市集、金狮河沿市集、黄鹂坊桥市集、西环市集等微更新也是从市集"碎片空间"入手,在解决了原菜市场设施老化、布局不当、昏暗湿滑及排污串味等问题的同时,注入新业态新模式,导入互联网、时尚、年轻等元素,打造沉浸式赶集体验,激活便民服务空间。

休闲场所更可及——口袋公园工程。口袋公园是苏州扎实推进民生实事项目之一,并连续两年获"苏州十大民心工程"。截至2023年3月,全市已有口袋公园570个。苏州口袋公园微更新重点聚焦存量闲置的小微空地及低效边角空间,优化功能布局与景观设计,配置休闲服务设施,强化空间使用效率,活化交流休憩场所,营造"推窗见绿、出门见园"的生活场景,打造可玩、可游、可赏的小巧"苏"秀口袋公园,充分彰显苏州文化底蕴。2022年,姑苏区拆围透绿、见缝插绿,改造提升相门新村小游园等10个口袋公园,全面打造15分钟绿色服务圈;张家港市发布"樟小园"品牌,围绕"一园一景一特色"打造30个特色鲜明的口袋公园;吴江区注重传承和延续江南水乡文脉,打造履泰园等35个口袋公园幸福空间;昆山市实施"昆小薇·共享鹿城"项目60个,获江苏省公众喜爱的高品质绿色空间实践项目。

微更新实现大幸福

老旧小区"改"出适意新生活

老旧小区指的是建成年代较早、配套设施不完善、服务设施不健全、居民改造意愿强烈的住宅小区。老旧小区改造一头连接的是民生,另一头连接的是城市发展。以老旧小区改造加快美丽宜居住区建设,对于提高城镇居民生活质量,促进城市品质提升具有重要意义。作为住建部城镇老旧小区改造试点城市之一,苏州积极探索创新具有地方特色的改造模式,帮助居民通过改造提升获得感和幸福指数。

"改"出满满幸福感

苏州老旧小区的危与困——改革开放以来,随着城市的不断发展,苏州古城内由于交通拥挤和人口剧增,给古城风貌带来挤压。为了缓解古城压力,从20世纪70年代开始,苏州开始进行新的总体规划,着重对古城内部居住进行疏散,在古城外围建造不同规模和性质的住宅楼。由于建成年代较早,这些小区或多或少地出现了房屋建筑性能老化、市政公共设施损坏、居民活动空间匮乏、绿化环境遭到破坏、道路交通拥挤散乱、缺乏物业管理等问题,极大地影响了小区居民的生活体验,"脏乱差""老破小"成了一些老旧小区无法摘下的标签。

这些老旧小区普遍拥有良好的区位优势和外部交通条件,人口居住密度大,周边基础设施完备,住户基本上是由原有古城内部的居民疏散或拆迁而组成,经过长期的生活和交往,形成了具有苏州特色社会氛围的关系网络。对于这些房屋还未到使用年限的老旧小区进行单纯大规模的拆除重建,不仅会使居民失去原有邻里之间的归属感和认同感,还会破坏其社会结构的复杂性和延续性,消解其小区与周边环境的历史文化价值。因此对于老旧小区的综合整治必须站在整个城市发展建设的角度进行统筹规划,合理布局。

红房子里的**安全屋**

改出适意新生活

苏州老旧小区改造的机与理——老旧小区改造作为城市建设的重要环节,关系到千家万户的切身利益。2020年7月,国务院办公厅发布了《关于全面推进城镇老旧小区改造工作的指导意见》,其中提到老旧小区改造是一项重大民生工程,对于改善民生、扩大内需、推进城市更新、转变发展方式、促进经济高质量发展,均有着非常重要的作用。在苏州,把城镇老旧小区改造作为重大民生工程和发展工程,坚持"先民生后提升",按照群众自愿、政府引导、共同缔造、自下而上、以需定改、创新机制、完善治理的原则,构建起党建统领、政府引导、居民参与、社会支持、企业协同的共同缔造机制,力求通过老旧小区改造建设宜居整洁、安全绿色、设施完善、服务便民、和谐共享的"美好住区"。

早在2005年,苏州便开始有计划、有组织、有步骤地对这些老旧小区进行综合整治改造。从2005年到2014年间,苏州对1994年以前建成的老旧小区进行了多方位的综合改造。2014年之后,开始对1998年以前建成的老旧小区进行了有针对性的改造工作。2019年,苏州被列为住建部城镇老旧小区

既有山水之胜,又有园林之雅

改造试点城市之一。在试点过程中,提出项目生成、改造资金合理共担、社会力量以市场化方式参与等"九大机制",以16个项目作为"试验田",秉持"居民主导""片区联动""多方共担""共同缔造"等理念,以"完善提升"为主旋律,集聚多方力量共同打造具有苏州特色的城镇老旧小区改造机制。截至2022年底,全市已累计改造老旧小区1229个,建筑面积约5400万平方米,受益居民约56.3万户。

　　苏州老旧小区的新与守——在老旧小区改造这项工作中,苏州不仅起步早,而且成绩斐然。在住建部公布的2022年全国老旧小区试点城市改造项目满意度第三方调查情况中,苏州老旧小区改造居民满意度得分位居全国老旧小区改造试点城市第一,这也是住建部开展满意度调查以来,苏州连续两年荣登榜首。改造后的小区不仅满足了居民对美好生活的向往,而且承载着人民对生活舒适度、生活幸福感的殷切期盼。

　　老旧小区的改造除了在于焕新生活,亦在于对城市历史文化的保留。苏州既有山水之胜,又有园林之雅,在小区的改造中基本统一遵循了粉墙黛瓦

的苏式园林建筑风格，不仅维护小区间风格协调，而且延续了现代化苏州的传统韵味，力求保护好苏州的历史文化记忆。例如靠近滚绣坊和醋库巷的南林苑小区，作为曾经的朱纨和冯梦龙的故居地，小区内部拥有苍龙巷和朱进士巷两条古巷，文化底蕴浓厚，在改造中，特意设置了"翠苑迎风""清池春晓""栖龙秋霞""倚林落樱""半壁春兰"五个景观节点，着重保留与体现苏州这座城市的文化积淀和精神气质。

"苏"式路径补齐民生短板

改进基础设施，解决安居隐患——由于20世纪的房屋勘察技术与建造技术相对不成熟，且住宅已使用多年，所需改造的老旧小区或多或少出现失修失养、墙面老化剥落、小区管网老化、"跑冒滴漏堵"等问题，加之缺乏有效的物业管理手段，易出现违法搭建、绿化破坏、随意飞线等危害居民人身财产的安全隐患，因此，在老旧小区改造过程中，需要对拆违拆临、供水、排水、供电、弱电、道路、供天然气、消防、安防、生活垃圾分类、移动通信以及光纤入户、管线规整

延续现代化苏州的传统韵味

等配套基础设施进行改造。苏州在改造过程中，贯彻落实住建部老旧小区改造"三个革命"工作要求，重点针对"五道"（人行走道、管线管道、排风烟道、通风井道、垃圾道）所出现的问题，抓好"楼道革命"，对于楼道内水电气管线和设备定期进行检查、评估和更换，封闭垃圾井道，同时实施垃圾分类收集，解决基础设施老化、环境脏乱差问题，消除安全隐患，有效改善人民群众居住条件和生活环境，提升居民的生活幸福指数。

增强宜居功能，满足生活便利——2019年，苏州出台了《关于苏州市既有多层住宅增设电梯的实施意见》，为想要增梯的居民给予政策支持和实施指导。在苏州老旧小区改造中积极推进加装电梯项目，一方面可减轻出资居民重新规划管线和电梯井的经济负担；另一方面也可以避免二次施工对居民带来影响。通过多部门统筹联动，整合资源积极推进，截至2023年3月，苏州全市已累计完成加装并投入使用电梯274部，正在施工231部，越来越多的老旧小区居民正在体验电梯所带来的方便快捷。

除了增设电梯外，苏州在老旧小区的改造中还合理规划增设无障碍设

舒适生活

施、停车库（场）、非机动车充电设施、文体设施、物业服务用房等配套设施，努力完善居民生活所需的配套设施。如改造完成的华阳里小区通过重新规划布局汽车停车位和增设电瓶车充电桩，解决了居民停车难和电瓶车飞线充电的不安全行为，还在楼道中增设楼梯双边扶手、休息平台、爱心座椅等辅助爬楼设备帮助老年人安全上下楼梯，为居民的日常生活提供极大便利。

丰富服务供给，提升生活品质——苏州在老旧小区改造中充分贯彻全龄友好理念，不仅注重满足居民安全需要和基本生活需求，而且考虑如何根据实际条件打造更高品质的生活空间，力求让群众在家门口便可享受到普惠、便利、丰富、优质的生活服务供给。

在公共基础设施方面，苏州在改造中优化"一老一小"的公共空间和生活环境服务，结合小区实际情况，建设老年活动室、日间照料中心、儿童户外活动空间等公共活动设施，提升居民的业余生活品质。

在智慧化小区建设方面，除了运用智能监控和门禁系统切实有效地保护

网格邻里

小区居民的生活安全外,苏州亦将积极老龄观、健康老龄化融入其中,在助行、助力、助浴、助急、防滑等方面着重给孤寡、独居、残疾等困难老人家庭进行智慧化改造,加装"床头一键呼"、智能水表、燃气泄漏保护、烟雾报警器等智能设备,使其能够与后台系统相连接,改善老年人居家养老环境,服务老年人防范生活风险。

在精神文化服务方面,不少社区深入实施"社工+"战略,将基层社工站打造成社区与社会组织、社会工作者、社区志愿者、社会慈善资源共同组成"五社联动"的重要平台。桂花新村现有注册社会组织8家,社区充分发挥社会组织的专业力量,以"金桂齐享,五社联动"志愿服务品牌项目化为抓手,形成了"服务项目+社会组织"的服务模式,打造了"夕阳红""驴先生""蝴蝶妈妈"等多个志愿服务品牌,引入各类志愿者、共建单位等资源,为广大居民开展文化传承、助老敬老等实践式、互动式的优质志愿服务活动,增进民生福祉,为居民创造多彩生活。

老旧小区改造的"苏式经验"

问计于民，共商共建——在老旧小区改造中，居民们家家户户情况不相同、观点不一致，居民意愿难以统一，若缺乏有效的沟通机制，居民诉求未得到足够重视，会导致改造实际效果与居民期待存在差距。为解决此类问题，苏州老旧小区以党建为引领，在改造全过程中联合社区、改造办等部门，通过"社情民意联系日"系列活动，广泛征求居民意见建议，迅速及时地反馈落实，如遇上有冲突的改造项目，通过社区民主自治制度机制来协商解决。

苏州的老旧小区改造已不再是单纯的政府主导的自上而下的行动，而是建立在居民充分参与的基础上，充分发挥民主协商在基层社会治理中的作用，在改造过程中不断加大居民参与力度，通过"问计于民"的方式激发居民参与改造的主动性和积极性，延续了"面向所有人，为了所有人"的苏州精神，不同年龄、不同职业、不同身份的各种小区群体成员都参与到了老旧小区改造的过程中，真正实现"改造让群众说了算"。

多方共担，自我"造血"——由于老旧小区改造的特殊性，资金需求总规模较大，普遍存在资金来源相对单一、市场与社会参与度低、政府部门承受压力大等问题，导致老旧小区改造推广难、可持续性差。为降低政府投资压力，有效破解老旧小区出资难的问题，经过多年改造经验积累，苏州采取多方共担的模式，探寻自我"造血"的可能性，走出了一条老旧小区融资模式的新道路。

一方面，苏州政府积极推进国企、银行合作。2020年4月，昆山市中华园西村老旧小区改造项目在苏州建行成功获得融资支持，这意味着银政企合作在推动苏州老旧小区改造工程、探索市场化运作模式上获得突破性进展。另一方面，积极引入阿里、菜鸟等旗舰企业参与改造，通过市场力量为小区提供综合服务，在建设公共服务设施、文体休闲设施、便民服务设施等项目中积极开源，有效拓展增收渠道。在国泰一村的老旧小区改造中，苏州一体育科技公司投资120万元建设小区内约3200平方米的笼式足球场。建成后足球场不仅能成为附近居民锻炼的好去处，而且企业可以独立承包经营10年。经过计算，仅凭足球场、小区车位、公有房屋、广告位等租金收入，6年左右就能收回投资成本，真正实现"就地生财"。

片区联动，资源共享——对于居民来说，所在小区附近是否设施齐全、环境优美、生活便利，在很大程度上一并影响着市民的幸福感。因此除了对于小区自身的改造之外，根据《苏州市城镇老旧住区改造提升技术导则》，苏州采取片区联动统筹、临近打通、资源共享的模式，不断丰富改造内涵，从单个小区内基础设施改造向成片联动、功能完善转变，重点打造老旧小区配套和市政基础设施，平衡配置片区资源，使得口袋公园、图书馆分馆、老年活动中心等公共便民配套设施均可以片区化的理念实现落地。仅2022年一年，苏州就新增文化休闲、体育健身场地、公共绿地等54片，占地面积约3万平方米。

此外，苏州还推进一刻钟便民生活圈建设与老旧小区片区联动相结合，通过打造一刻钟便民服务圈，使得老旧小区的居民生活便利化、智慧化生活程度不断提高，推动片区联动成果惠及民生，民生福祉持续增进。

共治共管，长效保障——老旧小区改造完成后，如果缺乏长效管理机制，再次衰败难以避免，只有建立长效保障机制才能治本。苏州积极开展"管理革命"，通过建立完善社区党组织、居委会、业委会（物管会）、物业企业"四位一体"管理机制，引导居民成立业委会或物管会，推动"业主自治"。针对老旧小区存在着楼栋数量少、大集聚小散点，房屋产权界定模糊不清，部分小区"脱管、失管、弃管"等特点，制定出台了《苏州市城镇老旧小区物业管理全覆盖工作实施方案》，着力推进无物业管理小区物业管理的全覆盖。在"片区联动"的理念之下，帮助部分无法独立承担物业日常运营费用的小区整合成片区，邀请一家物业公司管理一个片区，根据小区实际情况实行差异收费，不仅能够有效解决小区管理难的问题，还能够实现公共资源和基础服务共享，资源合理配置。

老旧小区改造是重大民生工程和发展工程，连接的是党心和民心，体现的是城市治理能力和管理水平，苏州交出了一份份让居民们幸福感持续提升的温暖厚重答卷的同时，亦在不断书写着老旧小区改造的新篇章，让更多的居民都能够在苏州过上适意幸福的每一天。

数字孪生让城市更"聪明"

在人类文明的漫漫长河中,城市自始至终都是人类文明的象征。城市伴随人类文明的跌宕起伏曲折发展,人类文明也因它而更加异彩纷呈,现代社会的发展更是以城市为核心的发展。随着数字经济的崛起,智慧城市、数字城市逐渐呈现出城市发展的高级形态,而数字孪生城市是智慧城市的升级版,是数字城市的演进。2022年1月,国务院印发的《"十四五"数字经济发展规划》明确提出"因地制宜构建数字孪生城市",苏州作为经济大市、工业大市、开放大市,正在探索数字孪生技术赋能城市治理、产业发展、文化传承等的各项应用场景,从而加快推进数字苏州建设。

数字孪生城市的理想状态

数字孪生因感知控制技术而起,因综合技术集成创新而兴,是指通过对物理世界的人、物、事件等所有要素数字化,在网络空间再造一个与之对应的"虚拟世界",形成物理维度上的实体世界和信息维度上的数字世界同生共存、虚实交融的格局。数字孪生这一概念发源于NASA(美国航空航天局),广泛应用于工业并迅速成为各地政府城市运营和管理的抓手,正加速向工业制造、交通运输、水利水务、能源调控、城市治理等各行业渗透,深刻影响着城市规划、建设与发展。

数字孪生城市是通过融合城市信息模型、建筑信息模型、地理信息技术、物联网、人工智能等信息技术,在数字空间中构建一个同物理实体城市外观一致、行动一致、思想一致的数字虚拟城市,能够对现实空间物理实体重现、诊断、验证、预测、控制,实现城市全要素数字化和虚拟化、城市状态实时化和可视化、城市管理决策协同化和智能化。数字孪生城市是技术演进与需求升级驱动下新型智慧城市建设发展的一种新理念、新途径、新思路。

包容开放的城市文化

数字，让生活更美好

总的来说，无论是数字孪生还是数字孪生城市，其定义都在专家、学者和相关从业人员的研究与实践中不断地优化调整。相较于数字孪生，数字孪生城市划定了"城市"这一地理空间范围，内涵定义脱离了抽象理念，并扎根于"智慧城市"这一优渥土壤。

继2021年国家"十四五"规划纲要明确提出"探索建设数字孪生城市"以来，各地政府积极出台数字孪生城市政策，加速数字孪生城市场景建设与产业布局，因地制宜探索建设数字孪生城市。上海、深圳、成都等城市均出台了以数字孪生城市为导向推进新型智慧城市建设的文件。

2021年10月，《上海市全面推进城市数字化转型"十四五"规划》发布，提出要加强软硬协同的数字化公共供给，推动城市形态向数字孪生演进，为城市全面数字化转型构筑"数字新底座"，努力建设"数字孪生城市"示范，探索"未来城市"区域标杆实践。上海临港新片区率先发布数字孪生城建设行动方案，面向开发者提供约1平方公里待开发区域时空底板，明确数字孪生港区、城市孪生体、数字人才港等9个重点场景。

2022年5月，《深圳市数字政府和智慧城市"十四五"发展规划》发布，提出要逐步建成数字孪生城市和鹏城自进化智能体，让城市能感知、会思考、可进化、有温度，赋能城市数字化加速转型，努力打造国际新型智慧城市标杆和"数字中国"城市典范，成为全球数字先锋城市。2022年6月，《成都市"十四五"新型智慧城市建设规划》发布，提出要以打造数字孪生城市为目标，建设城市信息模型（CIM）平台，按管理场景需求构建决策支持、模拟仿真、态势推演等二三维可视化模型，支撑城市最小空间单元运行情况的精准研判，实现资源调度的最快速度、最短路径、最优配备，赋能数字孪生城市。

那么，数字孪生城市的理想状态是什么？

第一，城市生产开放创新。数字孪生技术有助于对来源、分配、加工、流通等关键环节进行智能化还原并分析，助力能源、制造、建筑、物流、贸易等行业降本增效。同时，数字孪生城市模型可作为云服务供政府、企业和市民使用，城市规划者能够更为高效地在数字空间中开展各类实时化、细节化、联动化设计，城市建设者远距离进行资源合理调度分配，工程的实时进度监测，城市管理者仿真模拟场景、推演决策效果，有效提高城市运行效率，持续增强城市对外联系，进而使得城市与城市间形成更加创新开放的发展模式。

第二，城市生活人文宜居。数字孪生技术能够用于城市交通信号优化、应急预案优化、人员疏散路线改进等多个场景，改善城市交通堵塞、通勤人流集中等问题，提高市民生活的安全感。同时，在开展虚实互动课堂、元宇宙景区等应用方面，还能丰富市民文娱生活体验，提高市民生活的获得感和幸福感。以数字化、远程化的创新方式，提高公共服务的覆盖面和均等化水平，大大提升城市服务包容性。

第三，城市生态绿色善治。数字孪生城市平台可以实时感知各地区空气质量、温室气体排放等情况，辅助城市管理者有效制定相应的生态保护政策；城市规划者和管理者可以在数字空间立体化、三维化评估多个地区规划方案，优化城市整体生态布局。同时，推动能源设施精细化运维、数字化能源管理、碳轨迹追踪、碳中和路径推演，降低城市能源成本，助力城市碳达峰碳中和。

苏州大步迈进数字孪生城市

苏州，这座正在推动实现"强富美高"新图景、开展中国式现代化新实践的城市在推进数字孪生城市建设方面的优势显而易见，主要考虑到其拥有规模巨大的产业和人口，并且在人工智能、区块链、物联网、5G等新一代信息技术上有一定的建树。苏州兼具江南文化特色和现代化大都市气质，有着创新引领的发展理念、特色传统的文化资源、包容开放的城市文化、崇文尚志的城市氛围、宜居宜业的人文环境，使得数字孪生的赋能可以高上限、多领域地激活苏州城市发展活力，想象一下足不出户，透过智能设备中的数字空间就能看到整个城市的实时运行全貌，提前洞察分析风险情况便可改善城市运行状态，基于数字平台就能对物理城市进行智能干预实现城市虚实互动。以定量与定性相结合的方式，建模分析、模拟仿真各维度的城市数据，辅助政府在智慧化建设中的科学决策，提升城市规划、治理、服务质量和水平。

2008至2012年，以行业应用为主要驱动，苏州各条线全力推进本行业网络化、数字化。例如2011年，苏州出台《"智慧苏州"规划》，重点实施"369计划"，围绕信息基础设施建设、"智慧苏州"应用推广、"智慧苏州"产业培育三大任务，建设六大平台，实施智慧民生九大工程，推动数十个"智慧苏州"项目建设。

2012 至 2016 年，以数字技术为主要驱动，通过移动互联网、物联网、云计算等数字技术与业务流程融合加速数字技术全面应用。例如 2015 年，苏州提出了"互联网+"创业创新、制造业、农业、金融、电子商务、物流、文化创意、旅游、政务服务、交通、健康、教育、能源、环保等 14 项重点行动，明确运用互联网技术推动产业结构调整和转型升级，优化政府社会管理和公共服务，提升文化发展和生态文明建设水平。

2016 至 2020 年，以数据分析为主要驱动，通过大数据、人工智能等技术挖掘数据背后的复杂规则，推动决策从经验化向自动化、智能化转变。例如 2017 年，苏州和阿里巴巴集团签订苏州城市数据大脑合作框架协议，重点在跨区域交通态势感知、公交线路优化、视频事件分析及交通事故预测等方面，2018 年开始发力公共安全和城市治理三方面内容。

2020 年之后，以数字孪生为主要驱动，在单行业数字化水平较高、单项技术应用较深、静态数据汇聚较全的基础上，逐步向业务时空化、技术集成化、数据实时化发展。例如 2022 年，《关于全面推进数字苏州建设》印发，明确提出打造数字孪生城市。2023 年，苏州数字孪生城市以古城为样板，加速打造"分级建设数字孪生苏州""分类建设数字孪生古城""全面构建数字孪生应用版图"等多个方面示范成果。

解码数字孪生城市新应用

城市治理是数字孪生城市重要的应用领域之一。数字孪生技术可以将城市的运行状况实时反映在数字模型上，从而能够更为直观、准确地掌握城市运行的方方面面，包括公共管理、能源供应、环境监测等。

2023 年 1 月，"数字苏州驾驶舱"的正式投运标志着数字孪生技术从展示和基础建设阶段，逐渐过渡到与业务深度融合、持续运维的新阶段。"数字苏州驾驶舱"已建设"一网统管"、综合执法指挥、大数据辅助决策三大应用平台，有效集成数字孪生、5G、人工智能、大数据、融合通信等先进技术，重点围绕数字交通、防汛防台、经济运行监测等领域，对接 32 个部门 116 个应用系统，汇聚 179 大类 459 小类超过 10 亿条城运数据，引入 1.4 亿条实时互联网数据，接入全市约 17 万路高清数字视频监控，打造了 27 张"行业专题"数据看板和 10 张"区域综合"数据看板，为各类大数据赋能应用场景提供了

坚实支撑。

数字孪生电网是我国新型电力系统建设的重要试点，对于加快电网数字化转型，以数字技术提升电网可描述、可控制能力，有效支撑新型电力系统建设和提升电力保供能力具有重要意义。2023年3月1日，国网苏州供电公司主导研发的数字孪生变电站系统上线试运行，郭巷数字孪生变电站已在该系统正式上线启用，这也是全省首座220千伏全景感知数字孪生变电站。在数字空间中，不仅能看到实体变电站的所有实时数据和历史台账，还能通过数据交互和应用开发，使得变电运检业务的数字化、智能化升级，实现工作效率极大的提升。

加快数字孪生流域建设，能够大力提升流域治理管理的数字化、网络化、智能化水平，赋能推动新阶段水利高质量发展的先进引领力和强劲驱动力。以数字孪生助力金鸡湖水治理为例，金鸡湖及周边区域水环境综合治理智慧管理系统设在木沉港水利管理中心，综合利用数字孪生、人工智能等新一代信息技术，建设"三网合一、三层融合、二体系贯穿"的架构体系，初步实现了金鸡湖及周边区域的水环境信息全面掌握，水系及区域内水利设施全局可视化，水利工程设施"远程自动化运行、无人值守"，各类水文水质数据自动生成分析等。同时，与苏州市"智水苏州"、苏州工业园区"智慧城市""智慧水利水务"等系统实现互联互通和信息共享，为水环境工程系统实现精准调控、精细运行奠定基础。

现阶段，国内数字孪生城市产业链仍处于整合发展期，行业集中度低，市场格局未定。随着国家政策的引导、行业需求的增长，各地城市纷纷开始深化产业布局，基础平台服务商加快产品能力更新迭代。

苏州已加快建设数字孪生创新产业基地，顶层设计上通过打造数字孪生平台底座和数字孪生技术公共服务平台，强化数据支持、技术赋能与要素服务，通过应用场景创新、技术创新、运营机制创新和产业生态培育，推动数字孪生产业高质量发展，有力支撑城市与产业数字化转型。

数字孪生技术公共服务平台整合了公共资源拓展服务渠道，构建包含数字孪生生态运营、数字孪生城市场景示范推广、数字孪生产业发展促进、数字孪生技术协同创新的公共服务体系，形成数字孪生产业资源库，支撑数字孪生创新产业高质量发展，提升产业集聚和对外推广影响力，打响数字孪生技术产品基地品牌。

以在数字孪生领域先行先试的苏州工业园区为例，其打造数字孪生创新坊实现政产学研用协同创新。创新坊汇聚数字孪生相关政府部门、科研机构、企业、高校等多方产业与技术资源，建立数字孪生产业多方协同工作机制，为数字孪生场景建设和数字孪生产业发展提供需求挖掘、场景创新、数据共享、技术支持、能力共用、人才培训、生态运营公共服务等各项要素支撑，有力推动数字孪生产业培育。

数字孪生城市促进文化传承本质上讲是文化的数字化，运用现代化科技成果，萃取并关联中华优秀传统文化元素、符号和标识，推动文化资源转化为产业资源、发展资源，从而实现中华文化全景呈现、文化数据资源全民共享。

苏州作为拥有2500多年建城史的历史文化名城，历史底蕴深厚、文化遗存丰富、遗产资源丰厚，古城已然成为苏州的灵魂和精髓。2022年，姑苏区开展"CIM+'数字孪生古城'"平台建设，主要涉及三方面建设内容。首先，更新全景底图，以空间地理库为基础，具象且真实地还原出古城的面貌。同时，汇聚了古城要素资源，全面梳理并归集古城保护更新、文旅融合、民生服务等16个领域古城要素资源，实现要素资源"上图"展示。此外，建设重点区域专题场景，聚焦古城14.2平方公里更新改造重点区域，以32号街坊、平江片区重点功能区为试点，打造特色化专题场景，助力古城保护更新的标准化、模块化、精细化管理。

苏州园林是江南文化的核心代表，就像一颗颗璀璨的珍珠，散布在古城的各个角落。数字孪生的加入让苏州园林以更加鲜活、更加易于当代人接受的形式活在当下。苏州园林+全景数字模型，建成苏州园林全景数字模型，详细呈现苏州园林内的空间布局、园林要素等信息。苏州集合技术力量打造的虎丘数字模型展示了28万平方米范围内的自然地貌、文物古迹以及拥翠山庄、一榭园、塔影园等苏州古典园林独特景观，让游客身临其境感受园林之美。苏州园林+建筑数字模型，33处苏州园林古建筑和园林假山的数字模型，准确记载古建筑的材质、样式等信息，呈现匾额、楹联、木雕等园林要素的精美绝伦。以歇山式园林古建的典范——元代断梁殿的数字模型为例，通过数字模拟拆解，能够全面了解歇山顶、双拼梁、"棋盘格""琵琶吊"等苏式园林古建构造特点，立体展示园林建筑的精妙结构和精湛营造技艺。

古城更新的核心,在于挖掘好、阐释好、传承好、利用好江南文化的内在精神,并将之有机融入城市发展建设的实践中,以谱写现代化人文之城的辉煌篇章。

时代水墨

江南文化内在精神融入城市发展实践

苏州是江南文化的代表性城市，是当代中国理想城市的一个缩影，它就像是绮丽精致的双面绣，一面质朴淳古，雅韵幽致；一面新颖时尚，气象万千。姑苏区作为全国首个也是唯一一个国家历史文化名城保护区，是苏州古城的精华所在，如何保护利用好是苏州在发展中面临的紧要任务。

苏式生活，是江南文化的生命力基座；让苏式生活更美好，是打响"江南文化"品牌的战略基点和愿景。所以，古城更新的核心，在于挖掘好、阐释好、传承好、利用好江南文化的内在精神，并将之有机融入城市发展建设的实践中，以谱写现代化人文之城的辉煌篇章。

生活有各个层面，衣食住行是最基本。"人间烟火味，最抚凡人心"，是江南文化生活化、自然化、淳朴化的表达，也是市井百态、寻常生活的文学表达。所谓苏式生活，其实就是江南文化背景下世世代代苏州人习以为常的一种生活方式。要让苏式生活蕴育深刻而更美好的时代内涵，古城的有机更新是行之有效的重要环节。

如今的苏州古城，变化正在悄然发生，呵护好肌理、延续好文脉，让历史文化和现代生活融为一体，是这座千年历史名城正在书写的古城活态焕新的故事。

探索古城保护创新的"苏州路径"

2012年，苏州提出"一核四城"发展战略，首次明确了古城的"核心"地位。同年，姑苏区成为全国迄今为止唯一一个国家历史文化名城保护区。2013年，苏州市制定了《历史文化名城保护规划》，将全市划分为"历史城区""城区"和"市区"，依据各区内的历史风貌、文物古迹、传统民居等开展规划保护。姑苏区包含14.2平方公里古城和19.2平方公里历史城区，"古城保护"成为全区规划的重心。2015年至2018年，苏州市先后出台古城保护控制性详细

质朴淳古

规划和《苏州国家历史文化名城保护条例》。2019年，姑苏区启动了首次保护对象普查工作，对保护区内的历史文化街区、历史地段、文物保护单位、传统民居、古树名木等18类保护对象进行了全要素信息普查。2021年末，姑苏区在江苏全省率先出台首个区级《保护区、姑苏区城市更新指引》，以古城保护更新为导向，坚持成片改造、整体推进，保持古城"水路并行、河街相邻"的双棋盘格局和"小桥、流水、人家"的城市风貌，在坚持整体保护的基础上推进古城有机更新。2022年10月，《苏州市城市更新试点工作实施方案》发布施行，明确苏州国家历史文化名城保护区作为城市更新试点先行先试示范区域，进一步推动了苏州城市结构再优化、功能再完善和品质再提升。

　　由其发展脉络可以追溯：姑苏区自2018年开始集中发力，启动了多项创

传统与现代共融

新性古城保护工程,而短短几年时间,姑苏区在古城保护上做了许多细致的工作。比如以零星楼宅、传统民居为重点,由政府出资,组织相关单位进行自来水管道更新、雨污水管道改造、通信线路扩容和电力增容等,完善提升了公共基础设施配套;比如对现有停车场按照总体规划改造扩建,结合大体量物业改造增设停车位,也因此改善了交通条件;比如统筹利用沿街商铺、街坊空地、闲置房产等资源,引入相关快递服务设施,建造集中洗衣房、电瓶车充电站等便民设施,增加康养机构和心理咨询室等,对扎根街巷的裱画、理发、裁缝等街区"老字号"开展优化升级,提升苏式生活体验。通过"交通综合治理"带动"环境综合治理",努力实现拆违治乱、交通序化、停车增量、环境美化、安防升级、管理提升的目标……"出门见绿、推窗见景"的美好意愿已然实现;以点带线,以线带面,串起片区街坊"漫游姑苏"精

涵养江南文化的新样本

品路线：古老与现代交融，商业与生活同在，传统与潮流并存；让市民和游客不仅能体验苏式生活底色，更能感受到古城更新后的城市能级提升。

2021年，姑苏区延续"将大数据技术与古城保护相结合"的思路，创新古城保护信息平台（二期）项目，两个"明星"工程再度打响了姑苏区古城保护的旗号：

一个是"古城细胞解剖工程"。如果说古城保护能真正用绣花精神来进行耕耘，江南最有条件，苏州则是条件最好的城市。早在2020年12月，一个名为"古城细胞解剖工程"的项目就在姑苏区展开。古城细胞解剖工程分探索研究阶段、先行先试阶段、全覆盖阶段三个阶段，集结了一支由园林古建、地理信息、城市规划、文史采集等领域的专业人才和古城保护专家学者、社区志愿者等组成的"解剖队"。这些手持摄像机、录音笔、测量卷尺等设备的"古城细胞解剖师"，穿梭在大街小巷，逐户上门，以平均入户率不低于95%的高标准，对传统民居挨家挨户进行现场调查，全面采集传统民居、历史建筑和历史院落的结构、形制、风貌等特征信息和各类相关的历史人物资料，以拉家常的方式采集原住民口碑资料，同时采集门楼、界石、碑刻、古井等历史要素，"全面检索"，摸清每一处古建老宅的前世今生、格局演变的"家底"。苏州古城54个街坊、14.2平方公里内的房屋、古井、古树、桥梁等每一个"细胞"，都在这项工程中得到全面、深入的"体检"。古城街坊的故事挖不完，每一个老居民都是一本活宝典，每一处古迹都藏着鲜活的过往。人物、风俗以及重要空间要素的挖掘，是对苏州历史文化的传承和拾遗。通过专业研判、系统分析、综合评估，判定建筑保护的价值，分类建立档案，并同步至古城保护信息平台，为今后古城有序更新提供新的支撑。

另一个是"文物建筑DNA结构建模工程"。在"解剖"街坊历史遗存的同时，一群配备全景照相机、三维激光扫描仪的"文物建筑DNA结构建模师"对古城的文物建筑开展三维测绘。通过运用移动测量技术、三维全景技术、无人机正射影像采集技术等，穿梭于姑苏区的古建老宅中，对古建筑室内外进行全方位扫描，获取高精度、高密度的文物建筑周边时空环境数据，在古城保护信息平台生产细腻、清晰、直观的实景三维模型，形成文物建筑数字化的"云端"模型，实现文物建筑的"数字孪生"，不仅能够全面展示文物建筑，还能够为今后的文物建筑保护修缮提供支持。

这是姑苏区在全国历史文化名城中首创的古城保护精细化基础工作，也是全国居住类文物建筑数字化保护的首创。信息、技术、法规、人才四位一体的古城保护体系，是姑苏区打造历史文化名城之核的决心和实力。

建设"古城新居"、涵养"江南文化"的新样本

利用就是最好的保护。苏州古城内保留着众多老房子、老建筑，这些具有年代感的房屋建筑，能让人们回忆历史、睹物思人，但也存在着产权分散、居住条件差、无人管理等客观困难。为更加科学地管理古城，2015年，苏州古城控制性详细规划出台，姑苏区被划分为54个大小不等的街坊。其中"32号街坊"最为特殊——既是古城保护的重要组成部分，又是苏州横向中轴线上的重要节点。2018年启动的"32号街坊"保护与更新项目，把一体化推进古城保护、老旧小区改造和城市更新同地域特色文化的挖掘聚合与传承保护结合起来，积极探索传统历史街区更新改造的新理念、新方式、新路径，以文化要素的全方位运用丰富传统历史街区的内涵与功能，使32号街坊成为建设"古城新居"、涵养"江南文化"的新样本。

根据苏州古城控制性详细规划，西起学士街、东至养育巷、南起道前街、北至干将西路的道前老旧住区，为32号街坊范围，剪金桥巷、庙堂巷、瓣莲巷、富郎中巷、游马坡巷、余天灯巷、西支家巷、东支家巷、盛家浜、织里弄等街巷贯通其间，基本保持了明清以来的名称、走向、格局。包含2个封闭式小区及其他传统民居，其中绝大部分为2000年前的建筑，以居住为主。现有省文保单位2处——江苏省按察使署旧址、畅园，市文保单位5处——陶氏宅园、舒适旧居、雷氏别墅、吴宅（富郎中巷）、洪钧祖宅，市控保建筑7处——沈瓞民故居、忠仁祠、范式宅园、曹沧洲祠、清微道院、吴宅（西支家巷）、沈宅。还有大量明清建筑、近代住宅、衙署旧址、古树古井等星罗棋布于其中，历史文化遗存丰富，体现苏州古城风貌，完好地保存着姑苏人家的生活气息。

如何处理好城市开发改造和历史文化遗产保护利用之间的关系，一直是城市更新实践之路上需要孜孜探索的课题。一直以来，姑苏区坚持城市开发改造和历史文化遗产保护利用之间的关系是相辅相成的，应该将古建老宅的使用与江南文化的保护传承融会结合，以保证历史文化遗产的安全性和完整性，以建

拙政园历史文化保护街区：传统与历史的记忆

筑集聚文化、以文化滋养建筑，更好地利用城市更新带来的活化利用契机，丰富街区的历史文化内涵，让历史文化与现代生活相互交融，实现永续传承。

2019年，32号街坊保护与更新项目正式启动实施。保护与更新事关老街区的发展定位、规划、建设、管理等方方面面，是一个复杂体系。解决"痛点""难点"必须依靠更多创新做法：

一是古城保护、城市更新、老旧小区改造三位一体推进。统筹考虑32号街坊老旧住区更新改造项目，既完成保护古建老宅和传统民居的修缮，又启动了老旧住区环境整治提升方案，在32号街坊内实施房屋立面整治、市政管线改造、公共配套设施完善，增加配电房以实现电力增容，建设小型消防站以解决片区消防难题。同步探索传统民居活化利用新路径，依托沈瓞民故居、舒适旧居等名人故居打造古城更新文化新IP，树立文商旅融合特色品牌。二

是根据居民需求确立改造项目清单。按照群众自愿、政府引导、共同缔造、自下而上、以需定改、创新机制、完善治理的原则，在32号街坊与道前社区共建，设立"社区、居民、企业共建点"，根据居民的需要实施零星住宅楼、传统民居、街巷的整治工程。三是挖掘片区资源，统筹推进改造。整体谋划、协调实施搬迁、修缮、工程建设和运营长效管理工作。接洽市级国企，充分发挥省级文保畅园的文化价值，引入社会资本，以点带面，成片联动改造，形成规模效应，提高资源利用率。

　　32号街坊内的历史建筑、古井牌坊、古树名木不仅是古城传统与历史的记忆，更是江南文化的筋骨和血脉。在城市更新项目推进过程中，项目团队将每一条街巷、每一栋古建甚至一砖一瓦都当作艺术品来雕琢，坚持用"绣花"功夫、精品意识推进古城街巷适当规模、合理尺度的可持续更新。

粉墙黛瓦下,是精益求精的"绣花针功夫"。在处理架空线时,需要在建筑白色外墙上安装镀锌钢管作为引上管,但引上管的金属材质和"粉墙黛瓦"的传统风貌产生一定冲突。项目团队经过深思熟虑,在镀锌钢管外部罩上一层机罩,机罩上半部分刷上与白墙颜色一致的白色涂料,下半部分所用涂料颜色与墙体的灰色墙裙一致。为解决分线箱悬挂杂乱的问题,项目团队首次在32号街坊尝试"五合一"分线箱,将多家产权单位的电线集中在一个分线箱内,将管线对传统街巷风貌的影响降到最低。

在道路铺装的材质选择上,项目团队也做了很多思考。不同于城市一般道路常用水泥或透水砖进行铺设,苏州传统街巷的铺装材料既要符合风貌要求,也要满足居民的使用需要。此前,部分道路采用花岗岩进行铺设,虽然满足了行车、步行的强度要求,但缺乏了石板路带来的"怀旧感"。经过对以往项目的分析,项目团队提出针对还没改造的街巷,考虑采用石板或黄锈石作为铺装材料,能满足使用的厚度、强度,又能营造出古色古香的氛围。

管线入地工程不影响居民日间出行和夜间休息,全线实行"当日开挖,当日恢复,半幅施工,半幅通行",16条街巷全部完成管线入地和道路恢复工作。街巷两旁房屋的外立面进行了重新修缮,居民老宅的门头进行了仿古复原,定期为居民提供理发、缝缝补补、体检、健康咨询、心理疏导等便民服务,大大丰富了街坊邻居们的文化生活。

此外,还同步实施"苏式空间"微更新,从宜居住区、魅力街角、口袋公园等要素着手开展城市微更新行动,不断唤醒家门口的沉睡空间,以"苏式空间"营造"苏式生活"。一个个老社区"靓"了起来,一栋栋旧房子"新"了起来,老街坊的生活品质提了起来……

活化利用是对历史建筑的最好保护

苏州的魅力,都藏在鲜活的细节里;一面墙、一片瓦,都浓缩着城市的记忆。如今,承载着记忆和乡愁的古建筑得到保护更新并植入了新功能,成为公共活动空间、酒店民宿、文化艺术空间等,它们藏身于一座座传统院落之间,得到了充分的活化利用。

"养在深闺人未识"实乃憾事,但真要让这些深闺"瑰宝"亮相台前也并非易事。传统建筑与现代城市管理规范之间的碰撞，老宅居住性质与活化利用产业形态之间的冲突，这一道道门槛都是古宅活化利用过程中的难题。正因为如此，以前单纯以保护为出发点的"筑巢引凤"招商模式，把老宅按照保护要求修缮好了，再交付到市场上，往往是"一厢情愿"，能被市场接受并得以多元化利用的成功案例仍不多见。姑苏区强化顶层设计，以人为本实施活化保护利用，并不断探索新模式，比如在老宅保护修缮方案设计之初，相关部门便提早介入；老宅腾空后，招商前置，确定意向客户后，在坚持规范修缮前提下，结合使用者的功能需求，共同探索活化利用的市场路径。

2023年农历新年伊始，苏州古城保护又有新动作——国内首个历史文化名城保护区18处《古建老宅活化利用白皮书》公开发布——突破老宅新用的层层"历史桎梏"，变传统博物馆游览景点等单一功能利用为产业、商业多功能模式活化利用，让古建老宅"活起来"。这也意味着古城保护的核心难题——"传承与活化并举"的探索有了苏州路径。

透过建筑，可以读到的不仅是建筑本身，更是阅读这座城市、城市的文化以及城市当中的人。保护区、姑苏区古保委负责实施的名人故居文化展示项目，以历史建筑和周边空间环境为载体，把名人时代文化、生活文化与街区社会环境合为一体，营造历史氛围，形成名人故居的联动规模效应。首批展示项目选择平江历史街区和32号街坊的陶氏宅园、曹沧洲祠、潘世恩宅、苏肇冰故居等6处名人故居，组织文化挖掘和不同主题的文化展示，也为名人故居"亦展亦用"做出诸多有益的探索。

民居街坊的红色火种——沈骊民故居与德寿坊。32号街坊中的沈骊民故居位于富郎中巷南侧的德寿坊，沈骊民故居分为位于富郎中巷21号的故居本体与邻侧德寿坊。德寿坊是苏州古城最常见的一条街巷，其名称的由来，与北宋时期刑部郎中富严有着密切关系。北宋时，富严居于富郎中巷（北宋范成大《吴郡志》卷六，其中有"富郎中巷"一说）。当地人为颂扬他的功德，奏准在他所居之巷（即富郎中巷）口建立牌坊，名"德寿坊"。1923年，由辛亥革命元老、爱国民主人士、《易经》研究者沈骊民购得、新建，立坊并沿袭北宋成例取名"德寿坊"。其与众不同的特别之处有二：一是巷口有一座民国式的拱形坊门；二是坊门上饰有一颗五角星，至今基本保存完好，明

富郎中巷及德寿坊：民居街坊的红色火种

白无误地彰显了这里与苏州红色革命史的关联。

沈瓞民（1878—1969），原名祖绵，字瓞民，曾先后8次东渡日本，在日本广交革命志士，与孙中山、章太炎、陶成章、黄克强等人交往。早年参与筹组光复会，后又加入同盟会，有《读史方舆纪要校补》《中国外患史》等著作。1923年，沈瓞民以《中国外患史》一书版权购得德寿坊里21号并在侧面新建5幢平房弄式住宅，其藏书楼名"自得斋"，有中日图书及《易经》4万余册。

中共早期无产阶级革命家、中共党员叶天底（1898—1928），与沈瓞民在上海时曾有过师生之谊。1924年7月，叶天底到苏州乐益女中教授国文、图画两科。他去看望老师时，沈家正在修葺宅院，叶天底建议其在门楼上设计一颗红星，象征师徒二人的革命精神，沈瓞民欣然同意，自此，德寿坊大门上便有了这颗保留至今的五角星。1925年9月，苏州第一个党组织——中共苏州独立支部在乐益女中秘密建立，叶天底担任支部书记，苏州人民的革命斗争从此有了坚强的战斗堡垒和领导核心。

2021年初，相关部门结合街巷整治，在搬迁了德寿坊内部分居民、拆除后期搭建后，以德寿坊门额顶端的苏州第一颗红色五角星这一红色资源优势，打造了"红星广场"，并利用沈瓞民故居部分建筑设置红色主体教育馆。如今，修葺一新的德寿坊坊口的红星广场一侧墙壁上是苏作砖雕的群像，德寿坊内两侧墙面上是浮雕连环组画，娓娓讲述了五角星的来历和与德寿坊相关的革命故事。里弄一侧的沈瓞民故居部分建筑修缮后布置为党建展示馆，重点介绍中共苏州独立支部发展历史、中国共产党党史。沈瓞民故居是古城曾经风起云涌的革命历史的一部分，为此，展馆对沈瓞民两次赴日留学，以及他作为早期革命先行者的活动经历，直至以后长期潜心易学研究等也做了详细介绍。

中张家巷29号——姑苏老宅里的苏式慢生活。平江路中张家巷29号门前，静静流淌着中张家巷河，步入其中，一幅旧时苏州人家的生活场景在眼前缓缓呈现：古色古香的会客厅，幽静雅致的中庭，温馨素雅的卧房……处处都让人沉浸于姑苏老宅里的苏式慢生活中。

中张家巷29号位于平江街道历史街区社区，宅院一路三进，占地面积231平方米，原本住着七八户居民。随着时间的流逝，老宅破损严重，居民们陆续搬迁。2019年，姑苏区对中张家巷29号老宅进行修缮，保护并重现苏式生活与人文历史遗产。

中张家巷29号的修缮，完全遵循不改变文物原状和最小干预的原则，以传统工艺、传统材料、传统手法着重于"修"。修缮过程中，只有遇到确实无法满足结构安全性和稳定性的情况，才会采用更换的方式。另外，如何活化利用老宅，使其满足现代人的需求，也是修缮的重点所在。如今，通过现代技术手段，老宅实现了防潮、防梅雨、隔音、防白蚁、承重以及与现代结合的多维度提升。

曹沧洲祠的吴门医派。32号街坊的瓣莲巷4号曹沧洲祠是为纪念名医曹沧洲而建的。明清两代，以苏州为代表的吴门医派名医辈出，有"苏州御医朝廷多"之说。作为其中的佼佼者，曹沧洲出身中医世家，光绪三十年（1904）奉诏进京为光绪皇帝治病。据传，他曾以三钱萝卜籽治愈了慈禧太后的沉疴而被授予七品顶戴，自此，"三钱萝卜籽，换个红顶子"在民间流传开来。民国时期，邑人为其建曹沧洲祠以示纪念。

为有效保护和合理利用这一建筑遗产，2020年5月25日，曹沧洲祠修缮项目正式开工，此次保护修缮对曹沧洲祠门厅、享堂、东厢楼的屋面、木结构进行整修，并更换享堂大梁、厢房地板、破损门窗等，重新油漆木作并进行白蚁防治。历时120天，竣工验收。现建筑面积为376平方米，占地面积为472平方米。

曹沧洲祠修缮完成后，有"南有雷允上，北有同仁堂"之说的吴门医派百年老字号"雷允上"正式入驻，保留中医"前店后坊"模式，同时集文化展示、功能使用于一体，内设吴门医药文化展示、传统老药铺展示、中草药种植展示，弘扬吴门医派文化；同步引入名老中医坐诊、吴门医派学习培训基地、非遗项目展示及体验区、传统老药工"帮传带"传承基地、中药特色药膳体验、青少年社会实践站等功能区块，丰富博物馆造血功能。

这是激活曹沧洲祠古建蕴含的历史内涵文化价值的皆大欢喜，是一个"三赢"之举：其一，曹沧洲本人即为吴门医派的代表，曹沧洲祠为"雷允上"所用，恰到好处地相辅相成，体现古建之中蕴藏的传统中医药历史文化内涵；其二，"雷允上"的入驻，让古建老宅的历史内涵给企业发展的未来赋能，企业文化提升的附加值和古建老宅的活化利用，相得益彰；其三，曾经的曹沧洲祠

曹沧洲祠：历史内涵为企业未来赋能

摇身一变为方便街坊内居民日常就医、为百姓谋福利的"社区医院",是 32 号街坊城市更新有机组成中老树新枝的亮丽篇章。

按察旧址的官府文化。32 号街坊的江苏按察使署旧址地处道前街 170 号,旧址曾为明代兵备道署。该建筑群东临养育巷、北靠瓣莲巷、西接剪金桥巷、南朝道前街,建于清雍正八年(1730)。明清之际苏州城西南为官衙重地;明初这里曾设省水利分司署;明弘治十四年改为按察分司,后专门治兵备事宜,称兵备道,道前街之名由此而来。清初兵备道移驻太仓,雍正八年江苏按察使自江宁迁苏州,改兵备道署为提刑按察使衙门,咸丰十年(1860)毁于兵事。同治六年(1867),巡抚郭柏荫重建,民国年间改为江苏高等法院。

在承担官署职责的同时,江苏按察使署也在默默见证着历史:曾被清康熙帝称为"天下清官第一"的张伯行,于康熙四十五年(1706)到此任江苏提刑按察使,居官清廉,整顿吏治,革除弊端;清道光三年(1823),时年 39 岁的林则徐来到苏州接任江苏提刑按察使,期间整肃吏治、查清冤狱、禁绝鸦片,政绩赢得苏州百姓交口称赞;民国时期,江苏提刑按察使署被江苏高等法院占用。救国会领导人沈钧儒、章乃器、邹韬奋、史良、李公朴、王造时、沙千里七位爱国义士曾被国民党反动派羁押于此,史称"七君子事件"。

江苏按察使衙门旧址,是苏州相对规制最完整、体量最大的古代衙门,"八字衙门朝南开"的凛然气势跟里面的历史遗存建筑一脉相承,是苏州衙门建筑和文化的经典之作。

2004 年,有关部门重修了头门、照墙、二堂、内宅、廊庑等,使得这座古代衙门为苏州人知晓、认识。建筑群现存主轴线上的门厅、北部的二堂、内宅和东面的二路各四进建筑;工字殿与楼厅均面阔五间,硬山式,中以卷棚顶穿廊相连。东路有一贯通南北的巷,最北端为一内宅,楼前为蓓园。日久岁深,但当时的建筑规制、风貌仍依稀可见。2022 年 12 月江苏按察使署旧址保护修缮工程启动,包括文物本体保护修缮、基础设施配套提升、环境整治及景观绿化提升等,再现昔日官署威仪,令苏州街景倍增古朴风貌。

太傅府邸的状元文化。潘氏一族系出歙州大阜,至六世祖潘仲兰始侨寓苏州城西的南濠。后迁至黄鹂坊桥,至潘世恩时定居临顿路东的钮家巷。潘世恩(1769—1854),乾隆五十八年(1793)癸丑科状元,标志着大阜潘氏由商贾世家一跃而为苏州科甲家族新贵,奠定了潘氏"贵"的基础。从此潘

江苏按察使衙门旧址：苏州衙门建筑和文化的经典之作

潘世恩故居：状元府里说状元

氏在科举上大放异彩，以"一状元""二探花""八进士""三十六举人"以及21名贡生和142名秀才，成为清代姑苏官绅典型代表。潘世恩历仕乾隆、嘉庆、道光、咸丰四朝，为官五十余年，被冯桂芬称为"四朝元老"。与堂兄潘世璜、孙潘祖荫合称为"苏州三杰"，在民间有"贵潘"之称。李鸿章称赞潘氏为"祖孙、父子、叔侄、兄弟翰林之家，天下无双"。数百年来潘氏潘世恩一脉开枝散叶，通过科举获得成功，成为江南望族之一。

平江路钮家巷的这座源起于康熙年间的古宅，从最初6000余平方米、三路六进"住宅+园池"格局的留余堂，到如今占地面积2550平方米、房屋建筑面积1500平方米的状元博物馆，历经长达300年的变迁。新中国成立以后，这座状元府邸也同步着城市的发展变迁，潜藏着一部分人珍贵的历史记忆。1958年潘宅归公后曾散为34户居民杂院，很多老苏州对当年的纱帽厅书场颇有印象，整座故居中最精美的建筑就属纱帽厅。2006年，升级为江苏省文物保护单位。

在2011年市委、市政府启动的古建老宅修复工程中，潘世恩故居被列为首批试点项目。经过搬迁等前期工作，实施单位从2011年12月正式开工整修，历时一年有余，于2013年8月竣工。为更好地传承、保护和利用古建老宅，在对潘氏老宅完成保护修复的基础上，2014年在潘世恩故居内设立了苏州状元博物馆，并于同年11月正式对公众开放，以期让更多人深入了解姑苏城的崇文重教之风和状元文化。2020年5月，苏州文旅集团重新修缮了东路及中路部分院落，并利用潘世恩故居中路后楼厅二层进行文化展示，以图片、史料形式展示潘氏家族的谱系，潘世恩的生平、政治成就、治学成就等。人们可以从一个家族到苏州后的枝开叶散，读出苏州在那段历史中的模样；从显赫家族代表人物一生及其族裔的经历，窥探江南文人世家的发展、家风、治学、经营；从潘世恩宅的保护、修缮、利用，看到无数本地旧宅大院、名人故居曾走过的历程……一个在这座城市很长一段历史里举足轻重的家族及代表人物，是值得人们去细细研读和认真思考的。

陶氏宅园与民族工业。32号街坊的陶氏宅园（桃园）位于盛家浜4、6、8号，为民国建筑，属市文保单位，占地面积约2490平方米，建筑面积约1268平方米，庭院面积1536.50平方米。该园始建于清代，为苏州一大姓人家的私家花园，最早原分中西东三路，后由于家道中落，全宅便以轴线为基分成三块出售。

世外桃园

民国时期，分别为王、张和陶三家购得：最东面 4 号系民国上海邮务工会理事长王震百宅院，6 号为张姓律师宅院，8 号为东吴绸厂业主陶伯渊宅园。

陶伯渊祖父陶兰荪于清光绪二十四年（1898）创办苏州上久坎纱庄，这是一个专门从事宋锦及其他私人定制的品牌。宣统元年（1909）陶兰荪逝世，其子陶耕荪接替父业，厂址设于史家巷。陶氏家族将厂名定为"上久坎"，"上久"即永远、永久的意思，"坎"即泉水，表示源远流长、永不枯竭，寓意陶家人对纱庄寄予厚望。民国八年（1919），陶耕荪与他人合股，开设了东吴丝织厂。民国二十六年（1937），东吴丝织厂由其子陶伯渊接手，其继承产业后不久，将厂名改为东吴绸厂，将上久坎剩余工场转移到齐门下塘，并挂牌"上久坎绸厂"，接着搬家离开史家巷，于盛家浜置地建造"陶园"。1955 年公私合营期间，东吴绸厂与古城区 3 家私营绸厂合并，建立了公私合营东吴丝织厂，其后陆续有多家工厂并入。20 世纪 90 年代末，苏州工业进入产业调整转型期，苏州丝绸工业实行产业转移，振亚、东吴、光明、新苏四大丝织厂也随之完成了历史使命。

2003 年，苏州市相关部门整修改造陶氏宅园，完成了三个宅院中居民的腾迁，将盛家浜 4 号、6 号、8 号三处连为一个整体，并将"陶园"改名为"桃园"，又为其挂牌"桃园综艺馆"，成为吴文化展示、活动阵地。取名"桃园"不只是因为陶宅园景尚留完好，也蕴含了"世外桃园"之意。2018 年，陶氏宅院（桃园）修缮工作正式立项。2019 年，桃园由街道委托更新公司进行修缮及后续招商运营，修缮项目工程资金来源为古保专项资金，投资额约 500 万元，对建筑墙体、木构件、屋面以及门窗进行修缮，同时进行蚁患治理、景观改造、管线梳理。2020 年 10 月 16 日，通过文物保护工程竣工验收。

苏州工业园区：面向未来的"排头兵"

人们曾经这样形容："一座东方水城，让世界读了2500年。"从2500多年前的阖闾大城到如今具有传统与现代"双面绣"的现代化都市，苏州人在传统与现代的结合上做出了一番成绩，不仅有历史文化传承，而且有高科技创新和高质量发展，代表未来的发展方向。他们带着勤劳与智慧创造了繁华，实现了东方与西方的对接。而这方面最典型的，当属苏州工业园区的开发建设，苏州工业园区也充分发挥了先发优势，开展创造性的探索实践，为打造面向未来的苏州城市新中心持续发力。

一张蓝图绘到底

作为"一体两翼"中的东翼，自诞生之日起，苏州工业园区就没有简单地将自身定位成一个普通的"工业园"，而是规划了目标更加远大的花园城市，要的是一张更大的蓝图。苏州工业园区于1994年经国务院批准设立，是中国和新加坡两国政府间的重要合作项目，总面积278平方公里（其中，中新合作区80平方公里）。29年来，园区高质量发展的优异成绩有目共睹——已吸引了100多家世界500强企业，集聚了2489家国家级高新技术企业，培育科创板上市公司17家，2022年完成地区生产总值3515亿元，在商务部国家级经开区综合发展水平考评中实现"七连冠"，在国家高新区综合排名中上升到第四位。它是中国改革开放的窗口，规划上有很多前瞻性创新性思路，管理上有一系列科学严格的条例来保证规划实施，铸就了"借鉴、创新、圆融、共赢"的园区经验和"改革创新、开放包容、敢为人先、追求卓越"的园区精神。

苏州工业园区展示中心的二楼展厅里，一张1994年的"手绘规划图"展示着金鸡湖板块"当时的未来"，同一展板上2012年、2022年拍摄的金鸡湖实景照片与规划图中的结构布局高度符合。经过29年的努力，如今金鸡湖几乎与当年设计图上的一样，"一张蓝图绘到底"的战略定力，体现了苏州工业园区长远考虑、系统规划、分步实施、绝不偏离的建设思路。园区注重

代表未来的发展方向

培养"全员规划"意识，不仅党工委、管委会领导注重规划、尊重规划，而且将规划作为所有机关人员赴新培训的第一堂必修课，使"规划先行"的理念在全区干部中扎根入心。各部门也注重发挥规划的导向作用，先后编制了经济社会发展、土地利用、生态环保、新兴产业、社会事业发展等专业规划，以此为基础推进多规融合，推动城市发展由外延扩张式向内涵提升式转变。园区坚持"一张蓝图绘到底"，尊重城市发展规律，端正发展指导思想，"一茬接着一茬干"，保证了规划的权威性、严肃性。目前，园区整体面貌与开发之初的总规蓝图基本一致，不仅为投资者营造了可预见的、低风险的投资环境，而且保证了园区城市建设的高水准、高品质。

苏州工业园区以充满创新活力的姿态奔跑，不断提升综合竞争力、产业创新力、文化软实力。2021年9月，苏州市第十三次党代会召开，绘就了苏州建设社会主义现代化强市的蓝图，其中，苏州工业园区要建设"世界一流高科技园区、一流自贸试验区和面向未来的苏州城市新中心"。同年10月，苏州工业园区城市建设和管理大会召开，一场打造苏州城市新中心的火热行动拉开帷幕：实现城市形态更加优化、城市功能更加完善、城市治理更加现代、城市特色更加国际化，着力打造协调发展之城、绿色生态之城、活力时尚之城、精管善治之城。2023年6月，江苏省委常委会会议审议通过《关于支持苏州工业园区建设开放创新的世界一流高科技园区的意见》，提出支持园区强化中心城区功能，坚持世界眼光、国际标准，打造面向未来的苏州城市新中心。

如何成为面向未来的城市新中心？如何在新时期更好地成为展示中国现代化成果的窗口？苏州工业园区给出了答案——积极构建以环金鸡湖为城市主中心，阳澄南岸创新城、吴淞湾未来城为副中心的"一主两副"空间格局，深入推进阳澄银座、苏州东站、桑田科学岛等项目建设，持续完善城市功能，挖掘发展空间。打造一流中心城区、以人民为中心的发展思想始终贯穿全过程，立足面向未来的苏州城市新中心定位，园区正不断创新"科、产、城、人"融合发展的制度设计，统筹推进城市规划、城市建设、城市更新，在交通能级提升、资源要素流动等方面持续协同发展，展现一流中心城区的崭新形态，使产业更有"厚度"、民生更有"温度"、城市更有"品位"、生活更有"品质"，这也成为新时期的一张宏伟蓝图。

邻里中心：家门口的幸福

他山之石可以攻玉

新加坡拥有复杂的社会结构和多元的民族文化，在社区治理方面与园区不乏相似之处，也是园区一直以来学习借鉴的主要对象。园区充分学习借鉴新加坡的基础设施服务，打造"一站式"的社区服务体系。比如民生方面，人民群众的感受度，是一个城市建设好坏最根本的衡量标尺。新加坡的社区商业服务通过打造居民中心，引入大中型商业企业，建设邻区商店，满足居民日常生活的需要。此外，政府规划专门营业空间并提供适当补贴，建设菜场及小贩中心作为社区公共设施。

苏州人耳熟能详的"家门口的幸福"——邻里中心，就是借鉴新加坡城市规划经验的成果之一。随着1998年5月国内第一家邻里中心"新城邻里中心"的开业，住在园区的人们，日常生活都离不开这个新的基层商业模式了。新城邻里中心总面积达18000平方米，有四层高的玻璃墙体大楼，从一楼到三楼，

满足附近居民不同需求的各种店铺应有尽有，菜场、超市、银行以及修理铺、保健诊所，便民、休闲、文化类型相对集中，依次排开，干净整洁。

园区专门成立苏州工业园区邻里中心发展有限公司，负责具体的开发运营工作。25年来，已陆续运营了23家邻里中心。所有邻里中心根据城市规划有序配置分布，以1.5公里为半径，服务附近两三万居民，避免了居住小区沿街破墙开店带来的餐饮油烟、乱停车等问题。邻里中心的位置通常设在居民区内交通便利、人流集中的地方，方便物流配送和吸引人气。这样的模式提高了土地的紧凑性及空间利用效率，提高了周边住宅的商业价值和居住品质。

让城市更有品质

自2011年起,园区将每个邻里中心15%的面积用于设立"民众联络所",标准化配备社区工作站、民众俱乐部、乐龄生活馆、少儿阳光吧、图书馆等功能单元,免费向社区居民和企事业单位开放。同时,采取"一口受理""一门办结""全科社工""全天候"服务模式,可线上线下办理民政类、党团服务类等综合业务5000多项,辐射周边三四个社区,"早九晚九"免费开放,一站式满足居民多元需求。民众联络所是园区借鉴新加坡社区发展经验的本土化创新实践,如今,"民众联络所"模式及其所构建出的新型社情民意沟通、社区服务管理体系,取得了瞩目成效。截至2023年,园区共有民众联络所18个,月均服务居民超45万人次。"民众联络所"日益成为园区民众沟通的桥梁、联系民众情感的纽带、汇聚民众智慧的场所、展示民众才艺的舞台。

2015年,"邻里中心"品牌被国家工商总局商标局认定为"中国驰名商标"。2018年4月2日,新建元-邻里中心REITs在上交所成功发行,成为中国第一单社区商业REITs产品,开创了中国社区商业资产证券化运作的先河,这标志着邻里中心从资产管理正式迈入资本运作转型新的发展阶段。

像这样的借鉴和创新实践还有很多,事实上,自双方合作以来,苏州工业园区始终把学习借鉴新加坡先进经验摆在优先位置,大力推动苏州工业园区在消化吸收基础上,通过创造性实践形成一系列符合国际惯例、具有园区特色的制度机制,对苏州全市构建一流营商环境、增强综合竞争力发挥了重要作用。如今,越来越多的城市来到苏州,学习苏州与新加坡合作的经验,充分展现了中新合作的巨大魅力。

科技创新是"关键变量"

苏州工业园区在学习借鉴新加坡治理实践经验的基础上,进行本土化创新实践,取得阶段性成效,并拥有了更远大的目标——建设世界一流高科技园区和建设一流自贸试验区的"双一流"定位。

科技创新是"关键变量",也是高质量发展的"最大增量"。园区2022年实现规模以上工业总产值6850.2亿元,其中高新技术产业产值占比达73.9%。建设世界一流高科技园区,要以高水平科技自立自强掌握话语权,赢得主动权。苏州工业园区以重大创新平台为牵引,加快培育世界一流创新型企业。一方面,让创新链深度服务于产业链,围绕产业对技术的需求靶向发力,将创新成果精准落到产业链关键环节上,推动产业链价值向高处攀升;另一方面,跳出产业链本身,进军全球科技前沿领域,从根源上提高创新策源能力。近些年园区创新主体加速集聚,构建了以苏州实验室、全国重点实验室、"一区两中心"为引领的战略科技力量矩阵,形成了一批细分领域头部企业,持续涌现出一批创新成果,创新生态也在不断优化。

科技要"以人为本",必须以人才为支撑;人才与创新的互动,让园区持续释放更大能量。园区深入实施"金鸡湖人才计划"等人才工程,系统布局建设独墅湖科教创新区,引进国内外一流高校设立分校或研究院,将独墅湖畔打造为"慧湖",不遗余力地集聚高素质人才和资本。同时携手国内知名高校开办苏州科技商学院高级科创人才研修班,让科技人员成长为合格的企业管理者。细致的服务、快速的制度创新,让园区创造出一条与产业链高度适配、与创新链构建高度吻合的人才链。

园区始终秉承"产城融合"的理念,以产引人,以城聚人。近些年,园区立足产业基础,着力培育特色产业地标,重点规划、引导和培育生物医药、纳米技术应用、人工智能三大新兴产业,并全力推进产业创新集群建设。园区每年引进超1000个科技创新项目,持续推进产业补链、强链、延链。截至2022年,三大新兴产业总产值超3600亿元,同比增长超20%,持续为区域高质量发展添能赋势。

为鼓励制造业企业创新,园区设立专门的产业基金支持初创型企业,陆续出台集成电路、生物医药等产业的促进政策,引导更多企业向价值链高端攀升。并联合优质金融机构,发布科技金融创新产品,让企业出题、金融答题,努力把科技创新的"关键变量"转化为推动高质量发展的"最大增量"。为促进服务业和制造业两业融合,园区积极搭建制造业和服务业互相沟通的平台,努力延伸制造业价值链。园区现代服务业已形成生产性服务业与生活性服务业7∶3的分布结构,覆盖科研、软件、金融等多个领域。

2019年9月1日,中国(江苏)自贸试验区苏州片区正式挂牌成立,面积60.15平方公里(含苏州工业园综合保税区5.28平方公里),位于苏州工业园区,涵盖了高端制造与国际贸易区、独墅湖科教创新区、阳澄湖半岛旅游度假区、金鸡湖商务区的核心区域。

苏州自贸片区功能定位为建设世界一流高科技产业园区,打造全方位开放高地、国际化创新高地、高端化产业高地、现代化治理高地。自挂牌以来,苏州自贸片区不断迈出先行先试步伐,积极探索有益经验,众多创新举措在自贸区涌现。截至2023年6月,苏州片区累计形成全国全省首创及领先的制度创新成果190项,其中12项在全国复制推广,42项在全省示范推广,106项在苏州片区联动创新区复制推广落地,并有4项案例获评国务院服务贸易创新发展试点"最佳实践案例",向全国输送了制度创新的"园区经验"。

打造智慧物流服务平台:苏州自贸片区智慧物流服务平台是由苏州得尔

达国际物流有限公司所搭建,作为物流大数据合作示范平台,统一汇总物流政策及解读信息,重点标注片区公共仓库设施电子标识,对接航运中心、职能部门物流大数据资源,聚集国内外物流运输时效及报价,挖掘数据要素市场价值,推进苏州自贸片区数字经济发展,联动赋能苏州"产业大脑"建设功能,增效大物流大交通的江苏现代综合交通运输体系建设。

进口研发(测试)用未注册医疗器械分级管理:苏州自贸片区在全国率先探索试行进口研发(测试)用未注册医疗器械分级管理办法,允许医疗器械研发机构、生产企业通过备案进口研发测试用的未注册医疗器械或零部件,帮助生物医药企业在片区内快速开展研发项目。

打造跨境海运数据通道助力"智慧物流:苏州自贸片区以智慧物流服务平台为载体,创新性地通过物流大数据整合各口岸营商物流数据,重点标注

以产引人，以城聚人

仓储设施电子标识，搭建起跨行业跨区域的大物流大交通布局及预警体系，实现了物流资源的优化配置，降低了企业物流成本，提升了企业物流效率。

生物医药产业链高价值专利组合证券化：苏州自贸片区以生物医药"一号产业"发展需求为导向，充分发挥知识产权无形资产价值，在成功探索以专利质押为债券增信，进而发行知识产权双创债的基础上，积极开展知识产权金融创新，推动开展知识产权证券化。这一创新举措满足了生物医药产业融资需求，解决了中小企业融资渠道窄、成本高的痛点。

苏州自贸片区的改革创新已初具成果，接下来面对建设一流自贸试验区的责任感和紧迫感，片区必须对标高标准国际经贸规则，落实自贸试验区提升战略，推进首创式改革、差异化探索、集成式创新，为加快建设世界一流高科技园区提供有力支撑。

长三角一体化战略下的"汾湖作为"

相传,早在春秋战国时期,汾湖就是吴、越的界湖,乃兵家必争之地,留下了"胥滩古渡"的千古绝唱。2019 年 11 月 1 日,长三角生态绿色一体化发展示范区正式揭牌,汾湖高新区(黎里镇)被全域纳入一体化示范区先行启动区。如今,在国家战略赋能下,汾湖勇担先行使命、主动作为,在互联互通、共建共享、体制机制方面取得了一系列首创成果,尤其是鼋荡路建成通车以及沪苏湖、通苏嘉甬高铁启动建设,汾湖逐步成长为长三角地理位置与协同发展的链接中心。三年多来,许多跨区域联动发展的故事在这里精彩上演。

鼋荡,一体化示范区的生态底色

鼋荡,曾经是淀山湖的一个湖湾,后因芦苇滩封淤,才成为独立湖泊。13 平方公里的鼋荡,五分之四属吴江汾湖,五分之一属青浦金泽。长三角生态绿色一体化发展示范区的成立,统筹生态、生产、生活三大空间,把生态绿色发展放在最优先位置,让鼋荡成为区域内一颗熠熠生辉的明珠。

生态治理,水蓝岸绿。沿着鼋荡岸边,有一条掩映在绿树青草间的健身步道,可以让人一边领略湖光水色,一边心旷神怡地健身慢跑,这就是被评为"2022 年江苏省最美跑步路线"的鼋荡生态绿道。一条绿道的建设,见证了鼋荡生态治理的变迁。

从 2020 年 6 月起,环鼋荡岸线贯通工程先导段开始建设,如今网红打卡地鼋荡慢行桥就是先导段工程的建设内容之一,此外还包括步道、护岸、绿化带、湿地等建设内容。

鼋荡生态治理及岸线贯通工程是吴江美丽湖泊群项目的核心工程,也是长三角一体化示范区执委会确定的示范段工程,通过岸线贯通、岸坡整治、浅滩湿地、清淤疏浚、水源涵养和水土保持等主要措施,对鼋荡岸线进行生态治理,建设生态美丽幸福河湖。

元荡：生态治理，水蓝岸绿

在推进岸线生态治理的同时，汾湖还不断加强鼋荡水体治理的力度，通过加大对工业、生活、农业等污染源的系统治理，聚焦做好断面生态环保工程，推动鼋荡水环境持续向好。从监测情况看，鼋荡水体水质不断好转，达历年最优。

打造乡村振兴样板。经过近年来的不懈努力，鼋荡生态治理取得显著成效，岸线变美了，生物多样性越来越丰富了，而且鼋荡及周边成了旅游目的地，为周边村庄融合发展农文旅提供了坚实基础。

每到周末，不仅鼋荡慢行桥、鼋荡小馆等打卡地游人众多，位于鼋荡西岸的鼋荡村、吴家村也四处都是前来休闲度假的游客。连带着，村内的农家菜馆、咖啡馆生意兴隆。发展以生态、文化、民俗为特色的乡村旅游产业，成为鼋荡村深化乡村振兴的突破口。

"曲水善湾"是长三角一体化乡村振兴美丽吴江的样板项目，也是环鼋荡美丽乡村群的有机组成部分。自2020年启动以来，依托汾湖高新区（黎里镇）优质农文旅资源，在以善湾为核心的鼋荡周边众家荡村庄区域，致力打造乡村振兴和农业农村现代化的样板。项目实施范围约22.19平方公里，核心区域约4.4平方公里，以农业为基础，旅游为引擎，产业为核心，探索示范区乡村振兴新模式。

"曲水善湾"坚持的核心理念是让本地百姓深度参与农文旅融合发展，在留住乡愁的同时，多渠道增收致富。村民可以自主地多项选择：不住村里的村民，既可以将闲置房腾退出来，也可以将闲置房租给镇级运营平台；继续住在村里的村民，不仅可以经营民宿，还可以向游客出售当地特色农产品。把农房改造为民宿，让游客体验原汁原味的乡村生活，这是"曲水善湾"的一大特色。"曲水善湾"核心区域内拥有融合当代建筑精神和水乡特色风情的主题民宿，喜柿餐厅、雅极·半岛私宴等不同风格的餐吧茶饮，可供大型团建的活动中心；有适用于音乐节和田野活动的丰收营地、创意工坊、丰物市集等，为市民游客提供餐饮、住宿、休闲、购物等全方位的乡村生活体验；以"深耕一体化示范区先行启动区这一跨界地区，营建一处融合城乡、湖田、村镇的跨界场景，提供一个面向不同领域人群的'跨界交流场所'"为发展目标的"原野学社"，计划开展研学、自然教育、文化交流等多样活动。

游客来了，在感受乡愁的同时，必然有体验和消费需求，而这正是村民

曲水善湾：留住乡愁

致富的契机之一。"曲水善湾"坚持成果共享理念，让村民作为服务者、经营者、管理者，最大限度参与项目建设、后期运营，通过多种方式拓展增收渠道，促进"全民共富""全面共富"。

"曲水善湾"以深度融入乡村的度假村方式，将江南乡村生态优势转化为经济发展的动能，以此探索多元化的乡村振兴之路。

醴飨田有机农场内架子上的蔬菜不需要额外"施肥"，灌溉的水和肥料来自隔壁养殖区。这套系统是从以色列引进的，把水产养殖和水培种植结合起来，能够做到养殖尾水零排放，最终实现"养鱼不换水，种菜不施肥"的生态共生。这套"鱼菜共生"生态循环系统让汾湖在乡村振兴中绘出了生态文明与产业发展共生共荣的新亮点。"鱼菜共生"项目通过引进循环水养殖技术，创新利用生物硝化处理方式，鱼池中的尾水经过过滤除菌后可用于农业用水。养殖尾水摇身一变，成了种菜的"营养液"，此举既解决了传统养殖的水污染问题，又提升了经济效益。农场的正中央是研学讲堂，以"数字农业""科技农业""六农体验"为主题，为周边城乡居民提供绿色低碳科技农业产业的科普、展示及体验活动。

联合河长制，跨域水体联保共治

对于河流阡陌、湖域众多的示范区来说，水环境是亮出的第一张名片。要擦亮示范区的生态底色，水治理势必先行。

太浦河是太湖流域最长的人工河道，其流经汾湖境内的里程有22.04公里。长三角一体化示范区成立以来，汾湖不仅加大了太浦河沿河乡村环境治理的力度，还积极做好沿河生态修复。截至目前，汾湖已对沿河22.7万平方米的陆域实施绿化改造、涵养水源措施，并在16.9万平方米的浅水水域种植了改善水质的浅水植物。

近年来，吴江启动太浦河"沪湖蓝带计划"，腾退大量"散乱污"企业，太浦河水质连续多年优于考核目标。2020年10月底，《长三角生态绿色一体化发展示范区重点跨界水体联保专项方案》《长三角生态绿色一体化发展示范区生态环境管理"三统一"制度建设行动方案》相继印发，打响了示范区生态保卫战，标志着示范区在不破行政隶属、打破行政边界、实施跨区域生态环境一体化治理的制度创新上迈出了坚实的一步。

《联保方案》提出建立联合河湖长制，希望对群众关心的交界区域形成上下游、左右岸无缝衔接，弥合掉管理的真空地带，推进三地在河湖保护上责任共担、效益共享、共保共治。《联保方案》重在联合，同时也能提高解决跨界问题的行政效率。

制度的生命在于实施。长三角生态绿色一体化发展示范区协同治水启动后，实现了示范区省际交界河湖"联合河长制"全覆盖。近三年来，青浦、吴江、嘉善三地紧扣"一体化"和"高质量"，围绕"联合河长制"协同联动治水，三地"联"得更紧密，"动"得更务实。

太浦河流经汾湖湾村段时，河对岸就是嘉善陶庄，两地携手联合治水，如今已成为常态。站在汾湖湾村太浦河北侧眺望，河面格外开阔，河对岸是浙江嘉善湖滨村。联合河长制政策实施以来，不仅让太浦河水质明显好转，而且让两地人亲如"一家人"。

两省交界处的6镇18村各级河长组建起"吴根越角"党建生态圈，从水治理延伸到农村人居环境整治，成为示范区联合治水方面不可或缺的坚实力量。生态圈内，共聘联合河长，进行联合巡河，开展联合保洁，实施联合治理。

协同治水三年来,太浦河、汾湖、"野猫圩荡"和"芦墟塘"等重要跨界河湖水质和环境有了明显改善,以往每年6—11月最易发生的水葫芦危机再也没出现过。

2021年7月,全省首个村级联合河长制工作站在汾湖湾村成立,这标志着"联合河长制"从制度化建设、项目化治理向实体化运作转变,吴江区已全方位构建联建共治新格局。

汾湖湾村内的清清涓流,河岸上的欢声笑语,是吴江区联合河长制治水成果的缩影。从"联合河长制"到全方位协作,是吴江区对国家战略的生动实践和基层创新。更重要的是,继长三角区域开启携手推进跨界水体共保联治的实践之后,如今,联合河湖长制已经在全国其他省际毗邻区域开始复制推广。这是示范区作为长三角一体化先手棋和突破口的核心价值所在。

以一体化治水为切入点,示范区建设正进入全方位、全领域深度合作阶段,一个生态联合治理、产业协同发展、经济共同腾飞、百姓幸福宜居的生态绿色区域正在长三角展现崭新模样。

交通一体化,让"长三角"抱得更紧密

打通基础设施互联互通瓶颈,是长三角一体化发展的关键一招。自从长三角生态绿色一体化发展示范区揭牌以来,汾湖就着力推动打通与上海、浙江两地的省界"断头路",打通毗邻地区的交通"毛细血管",让百姓出行更加顺畅,让经济社会发展能级更高。

断头路成连心桥。鼋荡南边,有跨越沪苏两地的鼋荡桥、游人喜欢打卡的鼋荡慢行桥。

现名为鼋荡路的康力大道——东延段打通之前,是一条省际断头路,汾湖老百姓去河对面的金泽,需要绕行40分钟,路打通后,只要5分钟。2020年11月9日,青浦与吴江共建的鼋荡路正式通车,这条路对于汾湖来说盼了好几年。其实早在2014年,当地政府就开始规划这条路,这条路在吴江是一条市政道路,在上海青浦区是一条农村道路。由于双方之间国土空间规划、资金安排审批流程方面都存在一定差异性,所以这条路一直没有修通。鼋荡桥能够顺利修建,是跨区域共同审批的结果,也是一体化制度创新的成果。

元荡慢行桥：断头路成连心桥

　　从打下第一根围护桩到完工，元荡慢行桥仅用了88天就完成建设。"超快速度"的背后，是跨省域协作的强大合力，展现了青浦吴江两地相关部门"一枚公章管审批"探索一体化制度创新的成效。

　　元荡慢行桥呈弧形设计，寓意跨越元荡烟波的彩虹和连接两地的纽带，该工程于2020年7月21日进场打下第一根围护桩，所有参建单位齐心协力、日夜兼程、分秒必争，用时100天，于2020年10月底完工，体现了一体化

的强大合力和苏州企业群体的工匠精神。

这一工程由执委会携手吴江区、青浦区和三峡集团共同谋划实施,吴江和青浦分别就各自范围内的工程量进行立项,双方联合审批,委托一方进行统一建设,是示范区内第一座联合建设的跨省域景观步行桥,实现了交界处蓝绿慢行系统的互联互通,提升了鼋荡湖区域的环境品质,是示范区发展进程中重要的物理性标识。

慢行景观桥在项目全生命周期一体化方面实现了六个"一"：即共谋一个项目，共建一批机制，共绘一张蓝图，共商一套标准，共推一份计划，共管一个运维。

鼋荡慢行桥让曾经的"断头路"变成了两地的"连心桥"。同时，这座桥也将湖两岸的湿地景观和环湖绿道对接，串联起周边丰富的生态旅游资源和人文资源。这座桥建设更大的意义在于，它虽没有打破行政隶属，但又打破了行政边界，真正地实现了共建、共治、共享。

"轨道上的示范区"。沪苏嘉城际铁路是推进两省一市基础设施互联互通的标志性工程，东起虹桥商务区，南至嘉兴市区，西至吴江区，包括上海市境内的上海示范区线，江苏省境内的水乡旅游线。江苏省境内水乡旅游线线路均落在吴江辖区内，全长约65.6公里。

作为一条关键性的交通纽带，全线串联起了示范区虹桥商务区动力核、青浦新城、环淀山湖创新核、西岑科创中心、水乡客厅、祥符荡创新绿谷、吴江高铁科创新城、嘉兴科技城等核心功能区，将上海、苏州、嘉兴三地的时空距离大大缩短，今后沿线居民可以实现点到点快速出行，吴江直接乘车到青浦，不必再绕到虹桥枢纽，示范区相邻组团之间30分钟可达，至虹桥枢纽45分钟可达，进一步增强上海、苏州、嘉兴1小时都市生活圈活力，实现交通出行的"同城化"。

沪苏嘉城际铁路的建设有利于优化苏州沿线地区城镇体系架构，带动沿线产业互动互补；有利于加快江苏城际铁路建设，深度融入长三角一体化发展；有利于强化长三角一体化示范区联动，推动长三角地区铁路基础设施互联互通，支撑示范区高质量发展。

这一项目与在建的沪苏湖铁路、规划建设的通苏嘉甬铁路、已建的沪杭高铁交叉，在苏州南站、嘉兴南站、虹桥站形成立体交通换乘，并与上海地铁17号线、13号线，苏州4号线、苏州规划地铁10号线实现多点换乘。沪苏嘉城际铁路进入吴江后，将经过汾湖中心城区和高铁苏州南站，并在吴江中心城区与如通苏沪城际铁路相交汇。铁路带来的时空优势，将提升区域发展能级。

以往一条铁路从规划到开工都要经历三四年的时间，沪苏嘉城际铁路却只用了一年左右，这是从来没有过的。速度不是凭空而来的，它和两年多来的积累密不可分，沪苏嘉城际铁路的背后明显可以看到"鼋荡路"的影子。在从项目协作到一体化发展的摸索过程中，形成的"六个一"的跨域建设新机制，是跨域项目建设皆可复制的重要工作方法。

项目的背后是一体化制度创新的有力支撑，沪苏嘉的"四个统一"（全线路系统制式、技术标准、建设时序、贯通运营）就是铁路领域建设的"元（鼋）荡六个一"，从工作专班到技术专班，一整套的协调机制已经非常成熟，有了一体化发展的共识和实现路径，项目推进得非常快。在这条跨域铁路上，可以非常真切地感受到"示范区速度"、一体化的速度。

一网通办，让数据多"跑路"

2021年5月31日，上海青浦、江苏吴江、浙江嘉善，三地互设一站式一网通办服务中心。汾湖作为一体化示范区先行启动区，努力通过"一网通办"加快推动政府职能的根本性转变，推动示范区"政务协同、效能跃升"，释放制度创新带来的现实红利，切实让数据"多跑路"、让群众"少跑腿"，为区域协调发展探索问路。

医保房贷最关情。全面落实国家战略，积极打破行政区划壁垒，加速推进一体化进程，一网通办等制度创新让青吴嘉三地群众享受到了越来越多的改革红利。如今，汾湖百姓的出行、医疗、教育、养老等正在悄然改变，方便、共享成为人们最真切的感受。

汾湖便民服务中心长三角"一网通办"专区，有税务、公积金、综合受理三个专窗，供市民咨询、办理相关事项。在所有跨区域办理事项中，异地就医免备案、异地住房公积金事项办理最受百姓欢迎。因为紧靠上海，汾湖人看病习惯往上海跑。以前要先办异地转诊备案手续，看病先垫付现金回来再报销，而且只能报80%。2022年1月1日开始，吴江参保人员赴上海看病，只要凭吴江医保电子凭证或社会保障卡，在上海市1100多家异地联网医疗机构刷卡（码）就可以直接结算，无须垫付医疗费用，无须返回参保地零星报销，并且享受100%报销比例待遇。可以说，到上海看病就像在家门口看病，真的做到了同城化。

"一键迁移"，跨省通办无障碍。一体化示范区建设加码提速，使得青

在汾湖，幸福地生活

吴嘉三地的既有距离加快消弭。工作在汾湖、居住在上海，抑或居住在汾湖、工作在上海，成为越来越多人的新选择。目前，示范区已形成制度创新成果88项，其中38项推向全国。从"一网通办"到"一码通行"，从"一卡通用"到异地结算，长三角区域内公共服务越来越便利，人们跨区域工作生活更加舒心，获得感、幸福感不断提升。

税务专窗，主要为服务示范区企业而开设，同时承担跨省通办职能，包括长三角范围内企业跨省（市）迁移和跨省（市）财产税源登记等。2020年，

中车城市交通有限公司出资收购汾湖本土企业申龙电梯股权。办理税源注册地、税源登记等相关变更手续，就是通过一键迁移，实现了快速办理。原来先注销后开业需要5—10个工作日，而"一网通办"当天就能在吴江办理各项涉税业务。特别是企业的权益、资质等信息也全部得以延续，这对企业稳定经营意义重大。

"一地可办三地事"，汾湖不破行政隶属，打破行政边界，为群众和企业跨区域办理相关事项提供了最佳路径，实现了真正意义上的政务服务"同城化"。

太浦河畔最江南

数字钱包，创新场景齐亮相。作为一体化示范区启动区，汾湖高新区时刻不忘走在长三角一体化先行之"先"，当好示范之"范"。2022年8月5日，汾湖高新区财政和资产管理局向永鼎股份等5家企业以数字钱包形式发放高质量发展财政奖补资金167.01万元，开启了吴江区国库集中支付应用数字人民币直达企业对公数字钱包的先河。

把推动数字人民币试点工作创新实践、不断丰富数字人民币跨区域应用场景作为主动服务市场主体、践行亲商营商理念的重要方面，汾湖高新区不断探索，促进钱包体系与企业账户体系融合发展，彰显先行启动区先行示范的引领作用，全力打造长三角生态绿色一体化发展新典范。

汾湖的创新探索，有效激发调动了企业应用数字人民币的热情。2022年8月26日，江苏永鼎股份有限公司以数字人民币形式向上海金亭汽车线束有限公司支付100万元，实现全国首单金融机构数字人民币跨区域支付。这次支付的数字人民币，部分来源于汾湖财政通过数字人民币形式拨付的资金，节省了手续费，大幅缩短交易时间，既方便快捷又可靠安全。

抢抓数字人民币风口，汾湖坚持以"科技"为抓手，以数字赋能改革创新，以数字化引领转型升级。目前正加快推动数字人民币在民生服务、非税收入征缴、人才补贴发放、国资国企等领域的实施落地。

产业、人才两手抓，蓄积创新"源动力"

汾湖区位优势独特，产业基础雄厚，发展动能强劲。作为长三角一体化示范区先行启动区，汾湖吸引了大批人才来这里就业创业，走出了一条产城人融合的高质量发展之路。

推动产业强链补链。在2022年10月底启幕的2022吴江投资贸易洽谈会上，汾湖签下了多个具有发展潜力的投资项目，苏州焜原光电有限公司扩产项目为其中之一。该项目拟启动30条生产线的建设，建成后企业产能将增加10倍。企业负责人表示，来汾湖创业5年，明显感觉到这里的营商环境越来越好。尤其示范区成立以后，交通、教育、医疗水平日益提升，科研技术人才更加愿意来这里，汾湖呈现出强劲的经济发展活力。长三角一体化发展国家战略的实施，让汾湖积蓄了更多高质量发展的动能，所以他对企业扎根汾湖的前景十分看好。

近年来，汾湖加速布局先进半导体、高端智能装备、5G光电通信、新材料等"高精尖"领域，加速集聚优质人才和项目，全力打造数字经济时代产业集群。

英诺赛科（苏州）半导体有限公司，是全球首家实现8英寸硅基氮化镓晶圆大规模量产的企业。所生产的先进的第三代半导体硅基氮化镓芯片，涵盖功率半导体器件、IC及射频RF器件，为5G移动通信、激光雷达、人工智能、快速充电、数据中心、新能源汽车、清洁能源等产业的自主创新发展、转型升级，提供先进、高效、节能、低成本的核心动力之源，引领半导体产业链创新拓展。

不仅是英诺赛科，示范区成立四年来，恒力长三角国际新材料产业基地、苏州微光电子融合技术研究院等重大项目纷至沓来、落地生根，充分印证了这方先行启动区热土的创新创业"强磁场"。

积蓄强大人才动能。2022年7月举行的首届示范区全链接大会上，"青吴嘉"高质量发展需求清单重磅发布，其中"人才"需求多达200多项。在这里，百万年薪招贤纳士不是噱头，而是企业向人才展示的最大"诚意"，人才就是未来。到2025年，示范区人才总量要达到100万，现在还有40万的缺口。如何让人才在示范区实现更大范围、更深层次、更广区域的资质互认和自由流动？

2022年7月26日，《关于促进长三角生态绿色一体化发展示范区人才建设的若干意见》正式印发，20条政策举措、26项重点工作任务干货满满，通过人才制度、政策、环境的创新，为示范区人才流动、共享、共建保驾护航，一体化制度创新释放的更多改革红利，激发了更强的发展动能，持续赋能示范区建设。在示范区建立人才柔性流动机制，在"水乡客厅"范围内探索创新人才"双聘制"，实行"人才飞地"合作新模式，符合条件的人才可跨区域申报沪苏浙各级人才计划；每年认定一批优秀人才，授予"示范区太浦英才"称号，并在示范区享受相应政策和便利；打破地域和户籍限制，支持示范区进行公务员、事业单位工作人员跨域招考（聘）等等。

这些政策举措，既有之前人才政策的持续深化，也有更多点面、更广领域的探索，目标是打造人才流动无障碍、人才共享无保留的人才高质量发展共同体，为示范区"一田三新"建设提供有力人才支撑。

站在国家战略的舞台中央，有理由相信汾湖未来将以更强的勇气先行示范，更大的作为展现担当，浓墨重彩书写属于新时代一体化融合发展的精彩故事。

数字政府建设的苏州实践

数字政府是数字中国建设的重要组成部分,也是数字经济、数字社会协同发展的重要驱动力量。近年来,苏州全面落实省委关于打造全国数字经济创新发展新高地的总体部署,加快建设"数字经济、数字社会、数字政府、数字文化、数字生态文明"五位一体的数字苏州。数字政府作为核心枢纽,作用尤为关键。

2020年以来,苏州在推动数字政府建设、"互联网+政务服务"等方面取得了明显成效,推出了"苏周到""苏商通""数字苏州驾驶舱"等"牛鼻子"工程,不断深化"一网通用""一网通办""一网统管"等数字化应用场景内涵,大力推进数字贸易、数字金融和产业创新集群加速发展,推动公共数据开放与活化利用,奋力打造全国数字政府样板城市。

周到服务,舒心苏州

"苏周到"是苏州一张闪亮的数字化品牌名片,是苏州全力打造的城市生活服务总入口。作为一个多元参与、跨界融合、全民共享的平台,"苏周到"围绕"政务、融媒、生活"三大方向,打造全方位、数字化、智慧化数字生活场景。

自2020年11月21日正式上线以来,"苏周到"累计注册用户数超2200万,单日最高活跃用户数超550万,开发上线554个服务应用,各类服务调用117亿次,便民服务消费平台上架超1000种商品,汇聚了大量的数据资源,已经成为百姓必不可少、可亲可感的"生活助手"。2020智慧中国数字政府特色评选,"苏周到"喜获50强政务服务创新奖。更有2021年数标指数全国典型实践50强、2021年长三角智慧城市建设评选优秀组织奖等多项荣誉,实至名归。

"周到服务,舒心苏州"不只是一句口号,而且是切切实实内化在满足

周到服务，舒心苏州

苏城百姓的需求中，外化于提升苏城百姓的服务上。这三年来，"苏周到"持续迭代与优化，陆续推出了医保电子凭证、一码通、人社、健康、出行等功能，整合城市大数据资源，以数据和智能驱动，逐步汇集了多样化的服务功能和各类便捷的办事窗口。

"苏周到"无感支付停车功能，可以实现无现金、无扫码，"智慧停车"更快捷。"苏周到"推出"一码通"服务，已经实现政务服务大厅扫码取号、公交扫码乘车、园林景区扫码入园、博物馆扫码入馆等多种场景。"苏周到"中的"一刻钟便民生活圈"服务，涵盖衣、食、住、购、娱及居民日常服务等便民功能，让用户能快速查看所在区域周边各类服务。

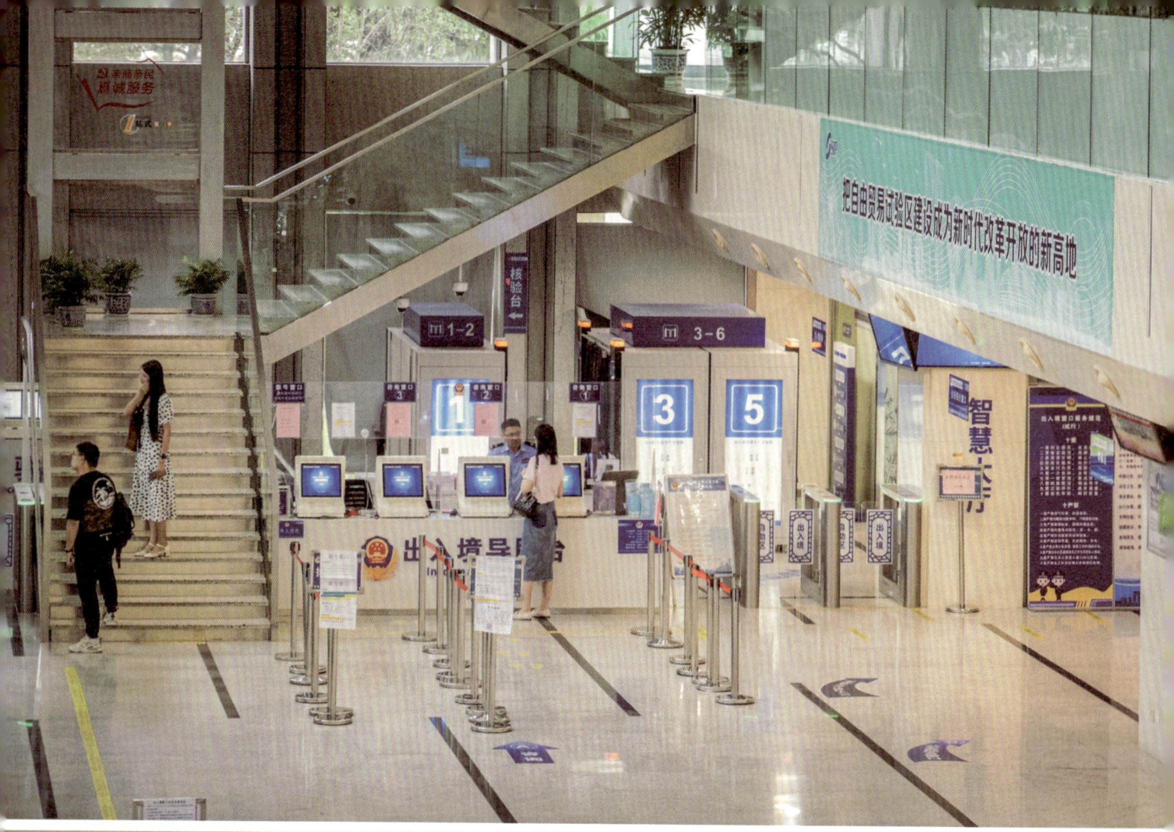

数字，让生活更美好

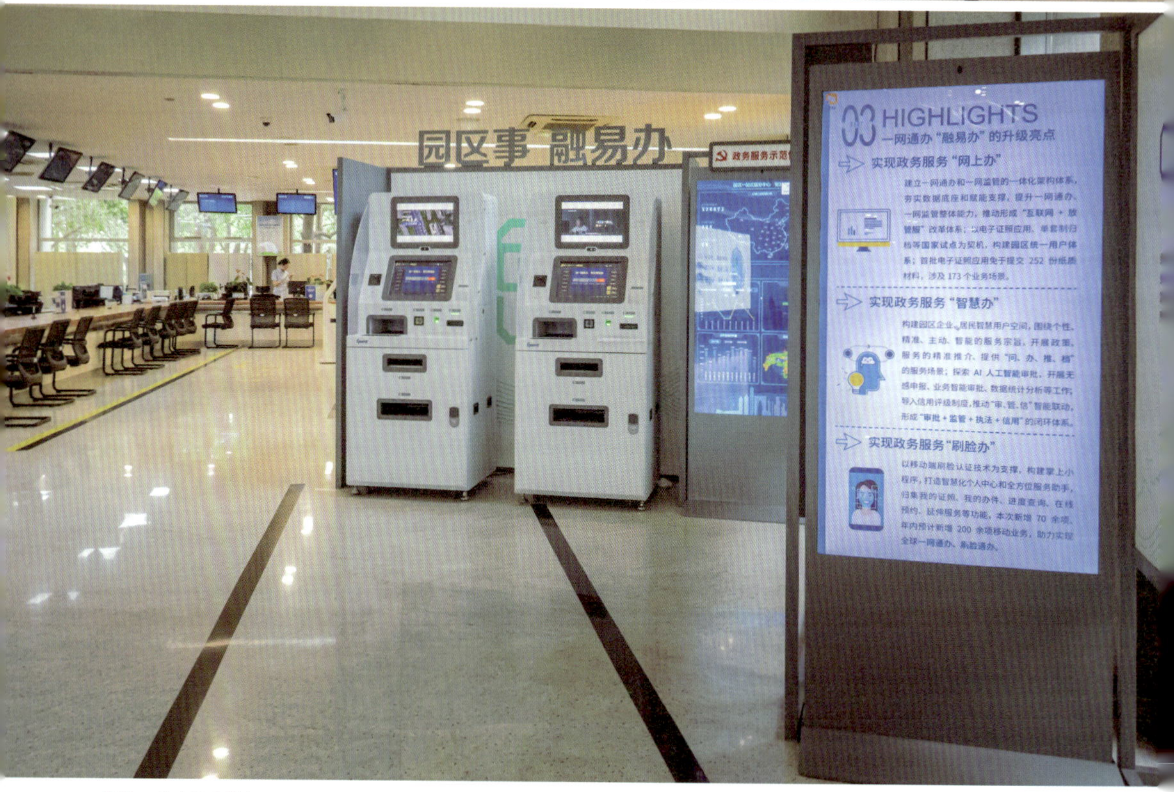

"苏周到"推出"一件事专区"，围绕自然人全生命周期"一件事"，将"出生""入学""身后""供水报装""军人退役""出租汽车驾驶员报名考试"6个场景化创新服务接入，广大市民的获得感成色更足、幸福感更可持续、安全感更有保障。

然而，互联网时代瞬息万变，"苏周到"如何在百姓心中永葆一席之地？又如何勇立潮头，将数字苏州的建设使命践行到底？苟日新，日日新，又日新。2023年5月，"苏周到"2.0改版发布，内容服务齐步走。此次改版，"苏周到"创新"政务＋生活"双首页模式，明确"市民服务＋融媒体"总体定位，实现政务服务移动端、城市服务聚集端和新闻资讯触达端"三端一体"，牢牢抓住城市大数据资源，构建政府引导、市场主导、多元参与、全民共享的数智服务新生态。通过不断优化迭代，全面提升"苏周到"服务品质。

"政务＋生活"双首页模式，让人眼前一亮。"苏周到"新版本在保留现有功能的基础上，新增了融媒新闻版与生活服务版，使用户更加便捷、优质、生活化地享受数字化服务。重点打造的政经频道，将进行多种形式立体化宣传。《苏州新闻》《苏城议事厅》等知名品牌在"苏周到"同步直播。依托苏州广电总台强大的文化媒资与IP内容孵化力，开设特色内容订阅号，引入苏州广电总台移动端视频精品。如大型文化系列片《君到姑苏见》《面若桃花》《长忆是江南》等IP，打造"影像长廊"。10个板块的官方发布信息也在"苏周到"汇聚；号召各部委办局、企事业单位、文教卫等社会机构开号入驻；邀请具有社会影响力的本土优质自媒体号加入，让基层的声音放大到苏州全市，真正打造十全十美的"苏州融媒云"。

"苏周到"生活版面是为千万苏州市民提供便利生活服务的互联网窗口。既是向所有优秀的商家开放的实用平台，又能为居民提供更全品类、更优服务、更好产品、更低价格。生活版面汇集了衣食住行、教育、文旅等各行业多种类优质商家，以成为市民"生活助手"为理念，全力打造"公益＋惠民"的生活服务应用集。第一批纳入的生活服务应用，将紧紧围绕原本高频使用的政务服务内容，进一步延展服务链路，为快速稳固用户平台内消费习惯，增加了乐游苏州、车主出行、读书教育、职业培训、金融超市、生活缴费、演出票务和商城功能。

2023年初，在市政府指导下，苏州市大数据管理局、苏州市信息中心牵头将"苏周到"的民生服务、公共服务、便民商业等服务陆续拓展至支付宝苏州市民中心和微信平台。通过常用政务服务、地方专区、市民广场、发现好服务、苏周到小程序等众多功能，为百姓提供高效便捷的本地生活服务。通过在微信平台构建"苏周到"品牌的微信小程序和公众号，将便民服务引入微信生态，拓展与百姓的互动渠道，更好地为百姓提升服务的便利性；推动政务和便民惠民信息的宣传推广，加强"苏周到"平台信息传播力和影响力。

人手一个"苏周到"，拥有一座线上苏州城。同频城市发展，共融城市未来。

中国式现代化道路上，一个都不能少。苏周到所创建的"共创、共享、共赢"的新生态，一定会为数字中国建设添上绚烂的一笔。

营商惠企，一键通达

为全面助力打造最优营商环境、筑牢最佳比较优势，苏州市大数据管理局秉持"营商惠企，一键通达"的服务宗旨，创新打造苏州法人服务总入口"苏商通"，相关工作经验获得了江苏省政府主要领导批示肯定，要求各区市学习借鉴。2022年，"苏商通"获评由江苏省委网信办等多部门联合组织评选的"2022数字江苏建设优秀实践成果"、清华大学数据治理研究中心组织评选的"全国城市数字治理创新案例"、2022智慧中国年会组织评选的"2022（第四届）数字政府创新案例特色评选活动"、中国数字政府特色评选案例"服务可达创新奖"、中国信息协会组织评选的"2022数字政府创新成果与实践案例"，为其他城市相关"总入口"的建设提供了"苏州经验"。

2022年6月，在苏州市数字政府建设推进大会上，苏州市正式上线推出苏州法人服务总入口"苏商通"，与"苏周到"共同形成"双轮驱动"的服务模式，实现苏州市自然人服务和法人服务的全覆盖。

"苏商通"以"放管服"改革为抓手，从全市法人和非法人组织的实际需求出发，持续优化政务服务、公共服务、市场服务，助力打造综合最优的政策环境、透明高效的政务环境、公平竞争的市场环境、亲商富商的人文环境，不断擦亮苏州"最优营商环境、最佳比较优势"的金字招牌。

"苏商通"围绕法人服务总入口的定位，全面融合全市各地各部门的法人服务应用，实现各类法人服务从"单一部门服务"向"整体政府服务"转变，

打造最优营商环境

为全市所有法人提供一站式办事服务入口,让法人只进"一个入口"就能高效办成"一批事"。"苏商通"为企业提供全生命周期服务,涵盖筹备、开办、成长、注销等各个阶段,针对企业全生命周期中的堵点、难点、痛点,提供高效、便捷、暖心的服务。"苏商通"纵向对接省级和10个县级市(区)政务服务,横向对接市级各部门的政务服务,共接入200多个法人服务系统和应用,汇集政策信息1.8万余条,上线5329项办事事项,实现各级各类惠企政策、涉企服务一站汇聚。"苏商通"从法人用户视角出发,梳理打造"机会在苏州、投资在苏州、成长在苏州、奖补在苏州、创新在苏州"等5个维度37类应用。

"苏商通"特色亮点:一是"三端一体"。"苏商通"一体建设门户网站、移动端App和自助服务终端,三端数据互联互通、同步更新,可以为用户提供"标准一致、数据一致、体验一致"的高品质服务。二是"一企一码"。为每个法人用户量身打造唯一的法人空间和法人码,提供"码上授权""扫码取号"等便捷服务。三是"智能推送"。汇集政策库、政策计算器、申报中心和资金直达四大功能模块,为企业提供一站式惠企政策服务。依托大数据和人工智能技术,实现惠企政策的智能匹配、智能推送,变"被动服务"为"主动服务"。四是"活动纷呈"。平台一站集成提供各级各类活动信息,覆盖项目路演、双创大赛、政策辅导、产业沙龙、行业培训等类型，方便企业一站查找获知。五是"渠道融合"。融合了线上、线下业务办理渠道，一方面由"苏商通"提供线上服务总入口，另一方面由各县级市（区）企业服务中心提供线下服务，共同实现"全方位、全覆盖、全流程"的法人服务。

"苏商通"是苏州市推进数字政府市域一体化建设、数字政府赋能数字经济的重要成果，是全面推进数字苏州建设、打造全国数字政府样板城市的重要依托，是巩固最佳比较优势、最优营商环境的重要支撑。"苏商通"已实现与"苏周到""江苏政务服务网"等用户体系对接，做到"一处注册、统一登录、统一认证"，为广大用户提供了优质、便捷的服务。其中，"实名认证"为法人提供省时、省心、省力的高效便捷服务。"授权管理"为法人提供精准、精细、精微的用户权限体系。"法人空间"归集了分散在各地各部门的证照信息、办事信息、信用信息等法人数据，让"数据多跑腿，企业少跑路"。

围绕企业经营中面临的缺资金、缺人才等关键难点，"苏商通"率先建设金融、人才、科技、法律、B2B等特色服务专区，整合接入企业所需的专业服务，构建统一入口。一是金融专区引入活水促进发展。提供相关金融服务产品信息，上线综合金融服务平台、"信易贷"及苏州银行等十余家银行的金融产品，提供"一键授信"智能融资、数字化"一键秒贷"信用融资等，充分发挥金融赋能实体经济的重要作用。二是人才专区强化保障做优服务。上线"苏show才""姑苏人才"等人才服务平台，提供人才政策查询匹配、人才乐居工程、社会化引才奖励、企事业单位引才用才激励、优秀人才贡献奖励等服务应用，以人才政策、人才培训、人力资源管理等综合服务，助力企业解决人才问题。三是科技专区引领创新赋能发展。上线苏州科技计划项目管理平台，对科技计划项目进行高效管理；接入苏州市科技金融生态圈服务平台，提供科技金融政策、科技创新主体分布查询等服务，推动实现高水平科技自立自强。四是法律专区为企解忧护航发展。上线法律相关的服务应用，整合法律咨询、风险检测、公证服务等各类法律服务资源，满足企业多层次、多领域、个性化法律服务需求，为企业提供法律服务指引。五是B2B专区汇聚资源加速发展。上线市级部门综合性服务平台，汇聚全市信息、技术、创业、培训、融资等公共服务资源，聚力提升营商环境。提供供需对接、企业牵引、专家服务、联合创新、生态培育等，引入数字政府优质供应商和解决方案，借助联合创新、专家服务等平台能力，推动数字政府建设的供需两端精准匹配、双向赋能。

"苏商通"有效解决了以往政务服务端口多元、入口分散、层级不清等问题，通过整合服务资源，不断提升服务质效，让广大企业切实感受到苏州"同样条件成本最低、同样成本服务最好、同样服务市场机会最多"，让各路英才充分感受到"人到苏州必有为"。

一屏总览全局，一网统管全域

用"数字之治"推进"苏州之治"，让政府治理更高效、决策更科学、运行更安全。2023 年 1 月，数字苏州驾驶舱正式投运，标志着全面推进数字苏州建设迈入新阶段。这不是传统意义上的驾驶舱，是以数字化手段来管理城市、驾驭城市、服务城市的新实践，形成了"一屏总览全局，一网统管全域"城市数字化治理的创新模式。

万物互联，海量数据一屏总览。围绕城市全周期管理"人、地、事、物、组织"等时空要素，"数字苏州驾驶舱"加载了丰富的数字"神经元"——对接新城建、智水苏州、数字孪生城市等 32 个部门 127 个应用系统，汇聚 17 亿条城市运行数据，引入超 1.5 亿条实时互联网数据，接入全市 22 万台物联感知设备，是"政务数据最大的一次汇聚、互联网数据最大的一次应用、政务系统最大的一次共享"。

"数字苏州驾驶舱"汇集海量多源互联网实时数据，可以一屏总览苏州的实时人口、实时车流，还有动态变化的物流单量指数、产业链运行态势等等。就拿堵车问题来说，在这里就不仅仅是一个交通问题，它可能和天气、规划、道路管控、建筑施工都相关，这样一个汇集了各个领域鲜活数据的智慧平台，就能够在更短的时间内，主动做出更加全面高效的分析研判，让数据来说话，用图表来分析。

多跨协同，城市治理一网统管。"数字苏州驾驶舱"致力于打造为城市运行的"协调部"、应急处置的"指挥部"、领导决策的"参谋部"，通过构建"观、研、处、督、赋"闭环运作模式，协同打造"城运一件事"智慧

数字建设让城市更聪明、更智慧

应用体系,积极扩大数字技术在跨部门、跨层级、跨地域城市治理场景中的创新应用,加速推动政府决策科学化、社会治理精准化、公共服务高效化,持续增强人民群众在数字化治理中的获得感、幸福感和安全感。

在城市治理的各个环节,需要数以万计的"神经末梢",数据一屏展示、指挥一屏联动、治理一屏闭环,应运而生的"数字苏州驾驶舱",为城市"整体智治"再添助力。通过"数字苏州驾驶舱"的各个模块,可以利用数字手段来解决城市治理中的难点堵点,比如在春运这个重要的时间节点,利用数字交通模块,能对车站码头、轨交地铁、停车泊位等动静态交通进行全方位的监测,如果发现了可能存在的问题,驾驶舱将下达指令,及时处理;通过互联网人口态势，在临近春节的时候，流出人口逐步超过流入人口，这就说明城市已经基本进入节日状态，很多人流向了盐城、滁州等方向。

联动指挥，城市运行一体协同。针对城市日常值守及长期承压、短期冲击等各类情况，贯通公安、城管、交通、应急、消防等部门以及县级市（区）指挥中心的融合通信体系，"战时"建立"1+N"一体化集成调度指挥机制，作为应急处突同步中心，实现线索同步、指挥同步；"平时"完成五一、苏城马拉松等城市巨大承压时期值守保障，助力城市平稳运行。

2023年3月26日，苏州首届城市马拉松鸣枪起跑，"数字苏州驾驶舱"完成了一次漂亮"首飞"，联动多部门和板块力量，开展赛事保障指挥调度，顺利完成首次实战演练。赛事全程，驾驶舱运转有力，保障有力，迅速派发人流聚集、交通拥堵、点调通信等各类指令6条，各项监测指标均在可控范围。赛前整体谋划、全盘考虑。制定保障预案，编组了42公里赛事沿线的473个重点路段摄像头，划定了大赛全程42个LBS人流车辆热力监测重点区域，联调联试了指令平台与融合通信系统，确保联络通畅。赛间轮巡点调、协同指挥。集成赛事相关的天气情况、现场直播、热力分析、热点舆情、应急力量等信息于一屏展示，全方位多角度掌控赛事全貌，全程联动"3区5部门"值守保障。赛后数据研判、辅助决策，复盘保障指挥情况，结合大数据监测分析，形成了"苏州马拉松专题报告"，为跨部门、跨层级、跨区域重大活动保障提供经验，为其他重要节点指挥调度"建模打样"。

辅助决策，数据赋能智慧驾驶。基于持续迭代的数据底座，驾驶舱构建了42个大数据模型算法，编制大数据辅助决策报告，从跨部门、跨层级、跨地域的综合视角出发，预测发展趋势，洞察潜在风险，提出政策建议，辅助科学决策、精准施策。目前，已形成生态环境、卫生健康、交通活力等简报57份，形成产业创新集群发展、供电数据看外贸、全市服务人口画像等专报43份。

利用多元的数字能力，打破信息壁垒，唤醒"沉睡"数据……未来，"数字苏州驾驶舱"将进一步整合数据资源和管理资源，促进政府履职能力提升，持续优化城市功能品质与核心竞争力，将"苏州之治"作为出发点和落脚点，为在新征程上全面推进中国式现代化苏州新实践提供有力的数字支撑，让城市更聪明、更智慧。

为城市数字化转型提供法治保障

助力中小微企业拓宽融资渠道、推动数字孪生技术支撑历史文化名城保护……2023年3月1日起,苏州市首个规范数据使用的《苏州市数据条例》正式施行。同时,这也是国内首部涵盖了公共数据、企业数据、个人数据的综合性地方性法规。

《苏州市数据条例》共七十条,设总则、数据资源、发展和应用、数据要素市场、促进和保障、数据安全、法律责任、附则八章,主要规定了建立健全数据治理体制机制、探索推进数据分类和价值实现等六个方面的内容。

当前,数据已经成为新型生产要素和重要的基础性战略资源。2022年,苏州全市地区生产总值达到2.4万亿元,其中数字经济核心产业增加值占地区生产总值的比重达到15.8%。《苏州市数据条例》是国内首部全面规范公共数据、企业数据和个人数据的综合性地方性法规,涉及公共管理和服务机构、企业、个人等各类数据主体,在进一步明确了公共数据的归集、共享、开放等方面相关要求的基础上,还率先对企业数据和个人数据的创新应用、价值实现等做出了探索性规定。

此外,第二十五条提到本市各级人民政府和有关部门应当提高民生领域数字化水平,建设城市生活服务总入口,提供社会保障、交通出行、医疗健康、旅游休闲、文体教育、政务办事、民生服务等数字化应用场景。同时,支持各类公共服务设施、网站、手机应用程序等面向数字化转型特殊困难群体开展适应性改造。

公共数据是本次立法的一个重点,《苏州市数据条例》主要从公共数据开放和授权运营两个方面体现了对公共数据价值实现的考虑。目前,苏州市已上线公共数据开放平台,发布开放目录超3000个,信息项超2万项,可以通过市政府门户网站进行访问。此外,《苏州市数据条例》第十五条提出要建立公共数据授权运营机制,支持政府把公共数据授权给符合安全监管条件的单位进行运营、加工、处理,形成数据产品和服务供第三方使用,这样既有效保障了数据安全,又能够高效释放公共数据价值。

《苏州市数据条例》主要有三个特点。一是综合性。目前,国家层面相关立法主要是个人信息保护法、数据安全法。省人大层面是数字经济促进条例。外省市相关法规主要是公共数据治理、数字经济促进等。其他省市制定的数据条例对个人数据或企业数据很少涉及。二是探索性。条例在没有上位法、其他省市立法可供借鉴的情况下，率先对企业数据和个人数据创新应用、价值实现等做出规定。同时，对公共数据的归集、共享、开放等方面也进行了新的探索。三是引领性。苏州市大数据交易所于2022年9月挂牌成立，《条例》对数据要素市场培育的规定，有利于引领苏州数据要素市场日益成熟壮大。

作为苏州数据领域的基础性法规，《苏州市数据条例》的出台和实施是助推苏州市数字化发展的重要举措，标志着苏州迈入了数据驱动创新发展的新阶段，对于苏州最大程度促进数据流通和开发利用、进一步激发市场主体活力、推动数据资源更好赋能经济社会的高质量发展具有十分重要的意义。

好风正劲，"数"象万千。新时期，苏州聚焦数字经济、数字社会、数字政府等重点领域，全面实施数字化改革，数字苏州建设已经成为激发数字经济活力、优化数字社会环境、增强数字政府效能的"关键一招"。数字政府在整个经济社会的数字化、智能化过程中占据着不可或缺的一环，是构建数字经济治理体系、促进数字经济健康持续发展的基本需求。如今，苏州正以"探路者"姿态，拥抱数字浪潮，聚合数字力量，高水平建设全国数字化发展标杆城市。

人工湿地呵护苏州水生态

苏州是典型的江南水乡，水域面积占到了市域面积的42.5%，形成了"一江、百湖、万河"的独特水网水系格局。

苏州长江岸线资源优越，湿地资源丰富。据2014年全市水域面积详细勘察结果，全市有大小河道21879条，总长21637公里，其中列入省骨干河道名录的河道有93条。还有大小湖荡353个，总面积21.98万公顷。

"苏州之水"与苏州经济社会发展密切相关。作为自然生态的关键内容，苏州各地非常重视对水资源的保护。近年来，苏州持续加大水污染防治力度，积极探索水生态修复新模式，完成了一批有颜值、有品质的水生态修复项目。如：昆山天福湿地通过一系列生态保护和修复措施，在资源保护和生物多样性方面取得明显成效，成功入选"生物多样性100+全球典型案例"，是苏州唯一一例；苏州高新区太湖金墅退圩还湖项目，在北太湖打造了一片水下森林，有效保护了太湖水源地水质和生物多样性；吴中区的太湖湖滨国家湿地公园，在2022年初发现了5.42万多只骨顶鸡，成功达到国际重要湿地标准……

水生态修复重在用好基于自然的解决方案（Nbs）。2022年4月，苏州正式启动国际湿地城市创建工作。人工湿地是湿地城市建设的一项重要Nbs技术，其在功能和作用上与自然湿地是相同的。人工湿地的出现，能够更好地运用水资源，实现水资源的合理利用。同时，可以将其和生态景观联系在一起，这不仅可以让生态城市的环境更加优美，而且会拥有多样的生物。事实上，人工湿地在苏州深入开展水污染防治攻坚战、提升水生态修复水平中一直发挥着重要的作用，包括污水厂尾水提标、农村生活污水处理、城镇黑臭河道治理、农村面源污染治理等等。

化工园区也能走生态发展之路

用水大户扎堆的工业园区，能不能创建成节水型园区？常熟新材料产业

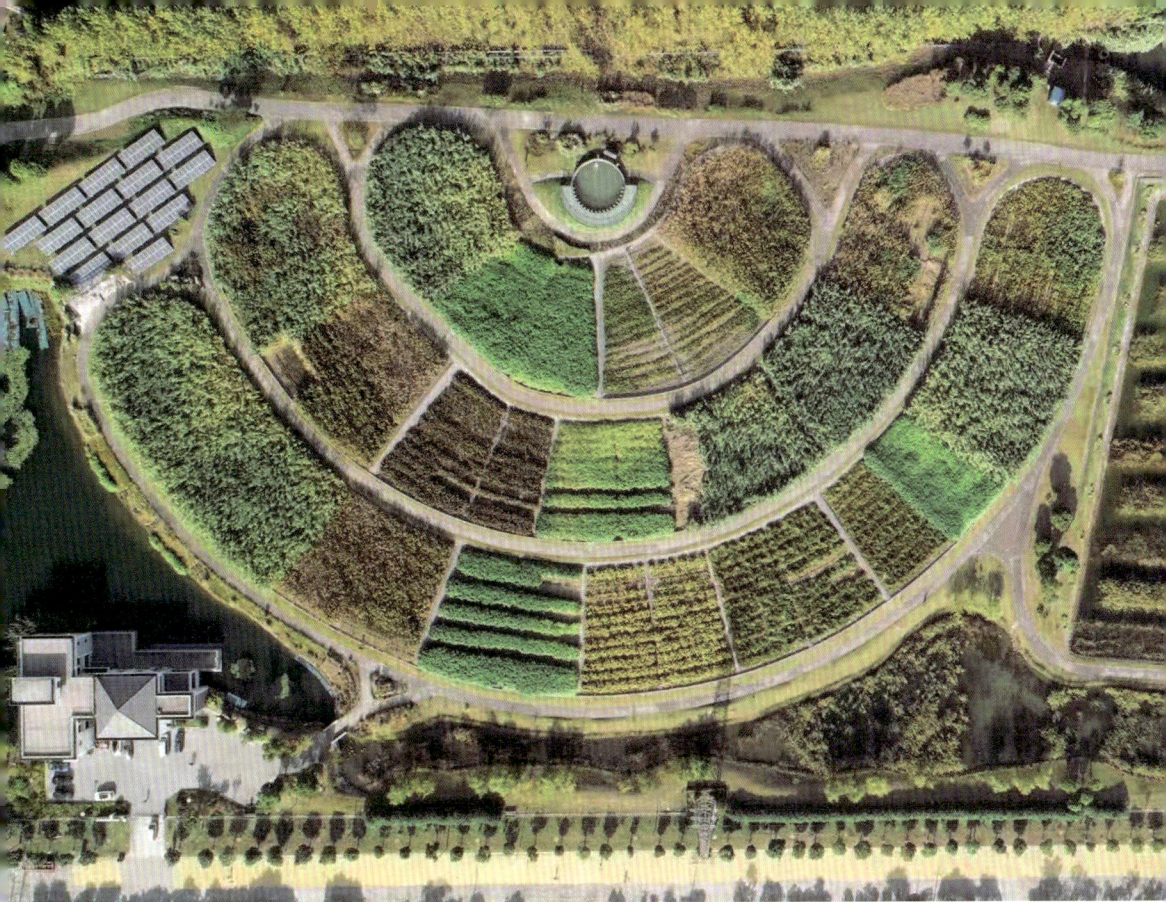

常熟新材料产业园生态湿地

园以其探索与实践证明,只要措施得当、科技支撑,也可以做到"鱼和熊掌"兼得。该产业园创建节水型工业园区于2021年11月首家通过省级验收。

江苏常熟新材料产业园是江苏省首批新材料科技产业园,也是省内首个化工行业省级生态工业园,连续9年被中国石油和化学联合会评为"中国化工园区30强"。依托长江黄金水道和区位优势,园区重点发展氟材料、生物医药等主导产业,已投产企业58家,许多企业都是用水大户。

常熟新材料产业园坚持把节水优先放在突出位置,从理念、制度、措施等方面统筹谋划,严格落实上级下达的用水指标,对园内企业实施计划用水管理,使节水真正成为水资源开发、利用、保护、配置、调度的前提条件。

在常熟新材料产业园,还有一个节水的"秘密武器"——污水厂尾水提标项目。常熟新材料产业园生态湿地处理中心采用世界先进水平的德国潜流人工湿地技术，融合治水新科技、生态新理念、低碳新概念，结合监测中心、太阳能电站等功能性配套设施及园林景观等要素打造出一个兼具技术新、环境美、水平高的湿地科技花园，使之成为"园区之肾"，水质指标从一级A标准提升到了地表水Ⅳ类水标准，更是实现了尾水的循环利用。既然污水处理厂尾水明明已经达到一级A标准，为什么还要进行二次处理？因为园区污水处理厂尾水原排放长江，对长江水环境造成了一定影响。污水处理厂尾水尽管达标排放，但只相当于地表水劣Ⅴ类标准，对其进行二次处理，对于保护长江、望虞河和太湖流域水环境质量，以及保护下游饮用水水源地水质安全，都有着重要作用。该中心占地面积5.9万平方米，自2014年10月运营至今稳定运行，已成为当地的生态建设亮点，并受到了2016年第十届国际湿地大会与会专家的肯定，2021年作为亚洲唯一生态工程案例登上世界著名学术出版机构Springer出品期刊。

常熟新材料产业园水处理生态湿地中心首次应用"单元湿地"概念，通过优化组合不同的"单元"湿地模块达到净化水质的效果，外观上看就像一把由方格拼成的扇子，调节池、垂直流滤床、生态塘、表面流、饱和流滤床点缀其中。调节池是湿地的最高点，利用污水厂尾水排放动力，把尾水提升到这个调节池，通过20个布水器把尾水分配到垂直流滤床，垂直流一共有20个并联的单元，每个单元间歇运行，以达到最好的布水和复氧的效果。经过4天时间，处理后的尾水化学需氧量、氨氮和总磷的去除率可分别达到50%、85%和70%。净化后的水最终流入产业园内部河道，为工业水厂补充清洁水源，实现水资源循环利用。中心还设有配套的监测中心，可对生态湿地处理系统出水水质进行在线监测，中心下设实验室，可开展比对监测。与此同时，常熟市环保局还会对处理中心的出水进行随机检测。

这套系统最大的特色就是其自身的"生态化"：

节约能源。生态湿地系统从进水点到出水点有6米落差，充分利用水的自然流动，减少对动力的需求，从而节约了电耗，降低了污水处理成本。

减少药剂。系统根据不同环节的处理需求，采用德国先进的人工湿地技术，选择通过专业级配的滤料层和根系发达的耐盐植物，微生物附着在滤料颗粒和根系周围形成微生物膜，主要通过微生物降解等手段去除污染物，处理过程不添加任何化学药剂。

常熟新材料产业园垂直流滤床建设后

自行发电。在常熟新材料产业园生态湿地处理中心一角,设有太阳能电站,安装了4组太阳能光伏发电板,冬季完全可以实现中心照明、动力用电的自给自足,夏天发电量高时可以并网发电,降低了中心运营费用。

循环利用。净化后的水最终流入产业园内部河道,为工业水厂补充清洁水源,实现了水资源循环利用,为生态工业园区建设提供了最佳解决方案。

生物多样性。除了上面这些,这片生态湿地还有一个意外的惊喜。过去谈到化工园区都是避之唯恐不及,可是自从这个生态湿地系统建成运行之后,大量的野鸭、野鸟、黄鼠狼等在这里出现,工作人员经常在浮岛上发现鸟蛋。可以说,这6万平方米的生态湿地,带来了园区小气候的改变,吸引了野生动物的到来。

现在,常熟新材料产业园水处理生态湿地中心已成为常熟市生态文明教育基地、常熟市新时代文明实践活动点、常熟市节水教育基地、江苏省环境科学研究院野外工作站、河海大学环境学院教学实习基地,成为中小学生科普教育基地;同时,也是长江和太湖保护、再生水循环利用示范引领示范基地。2021年,江苏常熟新材料产业园经中国石油和化学工业联合会认定,成功入选国家级绿色化工园区名录,成为苏南首个国家级绿色化工园区。

农村生态湿地成美景

农村人居环境整治已成为提升农民生活品质的重大工程，相关政策不断推进。生活污水排放量的不断增加，使得农村生活污水处理越来越重要。农村生活污水大多数都是以直排的形式进入河流或者以自然下渗的方式进行排放，一定程度上造成了地下水和土壤污染。2015年起，苏州市全面启动农村生活污水治理三年行动计划。农村生活污水治理是推进城乡发展一体化、优化生态环境、促进民生改善的重要抓手，农村生活污水治理不仅改善了河道水质，扮靓了水乡面貌，而且提高了社会文明程度，使农村群众的生活方式得到了巨大改变。

临湖镇北港自然村位于太湖之畔，共有居民56户，多为本地居民，外来人口甚少，是一个典型的苏南农村。作为太湖流域水环境治理工作的一部分，2016年初该村建设了"临湖北港生态湿地"，用于处理北港村村民的生活污水。临湖北港生态湿地模拟自然的方式处理生活污水，生活污水经过调节池、垂直流生态滤床，最后流入生态塘作为灌溉用水，项目处理能力30吨/天，出水水质可以达到一级B标准。该项目对太湖水域水环境起到保护作用，并为村民提供了一个休闲、生态的小型湿地公园，周边居民茶余饭后纷纷到这里驻足休闲。

衙甪里村地处西山岛最西南端，地理位置偏僻，缺乏产业支撑。近年来，衙甪里村通过美丽乡村、康居村等建设，村容村貌得到极大改善，村民人居环境大幅提升。同时，衙甪里村依托自然生态资源和历史文化底蕴全力推进"农文旅"融合发展，从而实现生态产业化经营和市场价值化实现。柯家村是衙甪里村的一个自然村落，2015年建成生态湿地项目，包括沉淀塘、垂直流湿地等处理设施，每天处理污水50吨。苏州园林风格的人工湿地改善了民居环境，凉亭翘角飞檐，溪水潺潺流淌，花儿争芳吐艳，村里的生活污水在这个"美得不像实力派"的"净化车间"里流转一圈，出水水质达到一级A标准。生态优势无疑带动了产业的蓬勃，"美丽乡村"已成了柯家村的IP，2017年村里仅有3家民宿（农家乐），如今柯家村民宿（农家乐）超过12家，全村大部分人都在经营民宿，人均收入大幅提升。

北港建设前

北港建设后

幸福河湖洪双溇

幸福河湖之洪双溇

消灭黑臭河道,仅是最低标准;修复河道生态,才是努力方向。近年来,苏州全市各地纷纷加大了水污染防治力度,相继实现了全市城镇建成区基本消除黑臭水体,以及在全市城乡基本消灭黑臭水体和劣Ⅴ类水体的目标。在此过程中,苏州城乡还涌现了一批既有"颜值"又有"气质"、造福一方百姓的幸福河湖。

比如昆山周市镇的洪双溇,是当地一条历史悠久、功能突出的地标河道,位于陆杨老镇中部。20世纪80年代中期,当地工业生产总值曾列昆山第一,1985年建成昆山第一个村自来水厂,还有始建于明正统十二年(1447)的黄太守观音庙,经济、环保、文化旅游产业曾发展迅猛。2003年陆杨被撤并后,镇区环境设施配套缺失,导致水环境矛盾突出,水环境压力日趋增大。

洪双溇,西端通过排涝站与常泾河相连,南端通过排涝站与杨林塘相连,总长约1公里,中间有一个直径约100米的大潭,总水域面积约2万平方米,汇水面积53公顷。洪双溇之前的水质不容乐观,河道岸线大部分被临建占用,并充斥着大量垃圾,整体环境脏乱差。因为地处老镇区,污水收集系统不完善,雨污混流现象严重,周边居民生活污水直接进入河道,导致河道生态遭到严重破坏,水质严重恶化,水体常年黑臭,沿线居民投诉不断,生活和健康受到影响。

2019年当地政府痛下决心投入重金,对洪双溇进行了生态治理。洪双溇生态修复提升工程(洪双溇排涝站—陆桥排涝站)采用德国先进的智能科技湿地技术,包括垂直流生态反应床、表面流生态反应床、生态塘等,智能科技湿地技术利用生物净化河道,不添加任何化学试剂,既保护生态环境,又确保生物多样。通过"控污+生态工程"手段使河道主要水质指标稳定达到地表Ⅳ类水标准,同时实现三个方面的多功能性:一是向杨林塘输送清洁的水;二是给居民带来清洁、健康、活力的滨江湿地公园;三是与陆杨书场、黄太守观音庙等当地文化相结合,使洪双溇成为陆杨清亮的眼睛的同时,点亮陆杨老镇。

该项目2019年11月完成实施阶段工作,目前河道已稳定优于地表Ⅳ类水标准,官方监测数据表明,部分指标(如COD和氨氮)已达到Ⅱ类水标准。

洪双溇项目建设前

洪双溇项目建设后

消夏湾湿地生态安全缓冲区项目北段强化型垂直流湿地建设后

项目经受了历年夏季汛期的考验，水质得以保证的同时，也缓解了周边地区的内涝问题。以往脏乱差的河道成了一条生态的、生命的河流，植物生机勃勃，动物聚集繁衍，百姓乐居其中，生态效应越来越好。2022年，洪双溇河道还被评为苏州年度十佳最美幸福河湖。

打造湿地生态安全缓冲区

传统意义上的生态保护指的是，对自然环境和居住在其中的动植物群体的保护、保存和恢复，而生态涵养不仅是生态保护的概念，更重要的是包含

对人类利用自然环境的科学管理。生态涵养区是落实中央生态文明发展理念，以促进富民就业为核心目标，以加强生态保护、生态修复和生态建设为基本要务，以探索发展生态友好型产业、在生态优良的地方培育新经济为主要职能的特殊政策区。

苏州市立足资源禀赋实际，把保护太湖山水作为最重大的政治责任，持续加强生态文明建设的战略定位，大胆探索，创新实践，将划定生态涵养发展实验区作为贯彻落实习近平生态文明思想的又一实践创新。生态涵养发展实验区的划定，对苏州市积极主动融入长三角一体化国家发展战略、发展绿色经济、打造长三角生态绿色一体化发展示范区具有重大意义。

太湖是苏州重要的饮用水源地和洪水调蓄区，太湖湖面约3/4在苏州界内。太湖流域水污染治理是国家环保工作的重中之重。2019年苏州市发布《苏州生态涵养发展实验区规划》，苏州吴中区东山镇、金庭镇及周边区域被划定为实验区建设主体范围，意在保护和传承太湖文化，实现太湖流域水环境共治共保。实验区区位独特，区内生态优美、物产丰富、文化深厚，整体环境是太湖流域水乡特色的集中代表。

金庭镇所在的西山岛，系太湖第一大岛，是我国淡水湖泊中最大的岛屿，拥有太湖国家风景名胜区核心景区，其"湖心岛、景中村"的区位特征显著。为打造苏州生态涵养发展实验区亮点，农村面源污染治理的示范，及长三角一体化水源保护、水环境提升的样板，吴中区金庭镇人民政府规划建设苏州生态涵养发展实验区重点项目——消夏湾湿地生态安全缓冲区项目。

消夏湾片区位于金庭镇南部，三面环山，南临太湖，自然禀赋良好，包含山水林田湖草等多种生态要素。近年来，太湖水环境明显改善，环太湖地区农业农村面源污染已成为太湖水质提升改善的重要制约因素。金庭镇具有典型的山地

雨污水截留湿地建设前

雨污水截留湿地建设后

地形特征，山上为经济林，沿太湖边为万亩良田，周边村庄密集，汇水区面积约18平方公里，农业农村生产生活面源污染物随地表径流进入消夏江，最后汇入太湖，对水环境质量造成影响。

消夏湾湿地生态安全缓冲区项目总范围约18平方公里，建设周期为2020年至2025年，总投资约3.2亿元，主要建设内容包括万亩良田治理区、南湾村落治理区、太湖湖湾补充区、缥缈汊湾核心区四个区域，建设各类科技湿地和浅滩湿地共210公顷，项目分三期实施。

消夏湾这片山水林田湖草里蕴藏着科技的智慧，该项目通过整合湿地、农田、林地、水网等自然要素，因地制宜在农村生产生活区与河湖生态区之间推进生态安全缓冲区建设，有效拦截并治理农业农村面源污染，削减排入太湖的氮磷负荷，增强生态系统自净能力，提高生态环境承载力，提升生物多样性，为保护太湖水生态构建安全屏障。消夏湾缓冲区项目三期全部完成后，将削减入太湖总氮67.4吨/年、总磷7.29吨/年，其中一期项目建设每年可削减入太湖总氮8.7吨、总磷0.87吨。这一项目为解决太湖流域农村面源污染治理创新实践拓宽思路，成为太湖乃至长三角地区农村面源污染生态治理的典型示范。

一期项目于2020年11月开建，2021年10月完工投运，建设强化型垂直流湿地2.6公顷、雨污水截留湿地0.4公顷、浅滩湿地12.5公顷、清水回用廊道1公里等，形成面源污染的三道拦截体系，治理约4平方公里区域内各类农村面源污染。该项目入选全国水污染防治部际协调小组典型案例，在全国推广。同年，消夏湾湿地被列为全省生态安全缓冲区示范项目，并获得850万元省级奖补资金；项目还获得700万元中央财政湿地恢复奖补资金。2022年项目入选江苏省"十佳生态环境治理改革创新案例"。

2022年夏，太湖生态岛面临60年未遇的旱情，石公村（黄家堡、张巷、杨巷、蔡巷、南湾）村民巧引消夏湾湿地"生态水缸"之水上山浇灌。这正是消夏湾湿地"控源+生态净化→多功能利用"技术路线的典型例证。

面源污染先"由多到少"，再"由少到集中"，在从分散到逐步集中的过程中实现"控源"。面源污染就近接入三处雨污水截留湿地，即"由多到少"，是"截"。之后通过导流渠道自流至生态缓冲塘，即"由少到集中"，是"导"。

生态净化是指利用强化型垂直流湿地高效处理污水。利用工程化手段对

飞鸟蹁跹、千亩稻浪的"消夏粮仓"

湿地的降解功能进行高效强化和管理，是纯生态无添加的生态处理系统。通过对滤床结构、污染负荷率、生态滤料结构以及自动化联动控制的精准科学设计，弹性处理水质水量波动大、变化快的面源污染，实现可控可测的出水管理，出水水质稳定可靠。

多功能利用是打造宜居宜业宜游的发展示范区的重要举措，是生态湿地多功能性的体现。湿地产出的清水可用于山上果林浇灌以及高标准农田回用，同时，清水进入清水回用廊道，潺潺清水自成景观。此外，还可以作为浅滩湿地的清水供给，有助于其更好地恢复生物多样性。

同时，通过管治结合，利用自动化控制技术，对湿地进出水水质、运行参数进行精细化动态管理，通过显示屏监控水质和湿地设备工况信息，实时进行系统调整，提供解决方案，实现智慧运维。

2023年5月17日，全国人大常委会副委员长、农工党中央主席何维率领的调研组调研消夏湾湿地时指出，建设净化型功能湿地不仅削减了入湖污染负荷，同时促进了农业文化旅游产业高质量协同发展。

消夏湾湿地生态安全缓冲区项目的建设形成了"消夏湾生态净化湿地"生态圈，使原本筑堤围垦、散乱撂荒的养殖池塘变身飞鸟蹁跹、千亩稻浪的"消夏粮仓"，促进当地生态产品供给和增值溢价，带动区域产业转型升级与乡村振兴，显化生态效益。

太湖生态岛独特的自然禀赋，促进了生态岛特色农产品种质资源保护与品质提升，消夏湾的"太湖绿"大米丰富了生态产业化经营内涵，拓展延伸了生态产品产业链和价值链。

接下来，太湖生态岛将依托消夏湾项目经验，以点带面，多点开花，推进当地建设，实践多样化生态产品价值实现模式和路径，探索形成生态产品价值实现机制，通过丰富生态产品供给增强碳汇能力，打造可复制、可推广的生态产品价值实现的"苏州方案"。

图书在版编目（CIP）数据

瞰·苏州：构建城市发展新格局/ 本书编写组编. — 上海：文汇出版社，2023.9
 ISBN 978-7-5496-4131-4

Ⅰ.①瞰… Ⅱ.①本… Ⅲ.①城市发展战略－研究－苏州 Ⅳ.①F299.275.33

中国国家版本馆CIP数据核字（2023）第178756号

瞰·苏州：构建城市发展新格局

编　　者 / 本书编写组
责任编辑 / 吴　斐
装帧设计 / 李树声

出版发行 / 文汇出版社
　　　　　　上海市威海路755号
　　　　　　（邮政编码200041）
印刷装订 / 苏州市大元印务有限公司
版　　次 / 2023年9月第1版
印　　次 / 2023年9月第1次印刷
开　　本 / 787×1092　1/16
字　　数 / 150千
印　　张 / 17.5

ISBN 978-7-5496-4131-4
定　　价 / 68.00元